서울의 마을 굿

한강변 20개 강마을 대동굿판을 찾아서

박흥주 지음
정수미 사진

서문당

앞 사진 설명
보광동명화전

머리말

세계에서 몇 손가락 안에 드는 거대 도시 서울 하늘 아래에서, 그것도 21세기에 이미 접어든 첨단의 시대에, 고리타분하기 그지없어 보이는 마을치성을 드리기 위해, 고향의식에 젖은 토박이들이 매년 모이는 동네가 한둘이 아니라는 사실에 아연할 수밖에 없었다. 등잔 밑이 어둡다고 이 사실을 접했을 때, '있어 봐야 얼마나 있겠어'라고 생각했던 나의 안이함이 부끄러워 가벼운 충격에 잠기기도 했다. 더욱 놀라운 것은 수시로 당을 수리하고, 없어졌던 마을 치성을 되살리는 동네도 심심치 않게 눈에 띈다는 사실이다.

기이하게 보일 정도로 서울과는 무관해 보이는 이 현상이 엄연한 서울의 한 단면이라는 사실을 접하면서 우선 드는 생각은 그 질긴 생명력이다.

우리 민족은 산 따라 물 따라 자연스럽게 마을을 이루며 살아왔고, 마을 중심에 당산부터 만들어 옹기종기 모여 살아온 전통이 있다. 나무를 심든, 기이한 바위덩이를 붙잡든, 집을 지어 당집을 만들든 그 심성과 바람은 한 가지였다. 가족과 이웃의 무사 안녕과 풍요로운 삶! 이를 위해 정기적으로 당산에 모여 '당할아버지 당할머니'에게 손을 모았다. 할아버지 할머니의 할아버지 할머니에게, 위에 위에 또 위에 할아버지 할머니가 있게 한 그 어떤 기운을 향하여! 나와 우리가 재수소망할 수 있도록 해 달라고… 그 소박하고 원초적인 바람이 결코 사라지지 않고 있는 것이다. 본질적이고도 근원적인 염원이기에 시대를 초월할 수 있는 것인가.

그 바람을 표출하는 방식은 굿이라는 개념과 내용에 담겨질 그런 것이다. 당사자들은 제사라는 개념을 굳이 거부하고 '치성'이라는 자세로 임한다. 마을굿의 현장을 찾아가 보면 죽음에 대한 의식이 아니라 생명과 살림에 대한 행위임을 금방 감지할 수 있다. 이를 위해 좋은 음식을 마련하고 춤과 소리와 놀이를 동원한다. 이를 매개로 하늘과 땅과 사람이 하나로 어우러지도록 하여 서로 통하게 만들어 버릴 때 그 힘이 생긴다고 믿는 신앙과 문화를 만들어왔다. 그리고 생활로 정착시켜 놓았다. 아직도 볼 수 있는 서울의 부군당, 도당, 산신당 등은 그 잔형들이다.

많은 사람들이… 굳이 부정할 필요가 없는 모습임에도 불구하고 이 시대는 이들을 미신이라고 여겨 혐오하고 멀리하려 애쓴다. 그 척박한 상황 속에서도 이제껏 사라지지 않는 그 저력과 질김이 눈물겨울 뿐이다. 이 현상을 단순히 독하고 질겨서 아직까지 남아 있다고 속단하고 싶지는 않다. 뭔가 서울의 현대생활에도 맞아떨어지는 부분이 있기 때문에 생존하고 있는 것은 아닌가? 그런 시각과 애정으로 이제는 봐 보자는 제안을 하고 싶다.

마을굿이 갖는 대동성·축제성·전통성이 가져다 줄 풍요로움과 여유로움, 그리고 문화의 독창성과 역사성은 분명 서울의 살림살이에 긍정적으로 기능할 수 있으리라 본다. 양식과 방식이 현대감각과 조화를 이뤄야 한다는 숙제가 해결되야겠지만 미리 불가능하다고, 그럴 필요가 없다고 단정지을 필요는 없으리라. 미래든 현대든, 현실이든 과거든 조그마한 가능성들은 나름대로 그 존재의의를 갖고 있을 테니까. 분명 서울의 정신과 독창적인 서울의 문화를 만들어가는 토대로서 한 몫 할 수 있으리란 기대를 다 함께 갖고 싶다.

우선 정확하게 실체가 알려져야 할 이 동네 저 동네의 마을 치성들! 작업에 동참한 우리 일행은 기록된 과거의 현상으로 만나고 싶지 않았다. 현재, 행해지고 있는, 그 현장에서 시작하고 싶었다. 부족하면 부족한 대로 가능성은 가능성대로 기록하고 생각하면서, 그럴듯한 앞날의 모습을 새롭게 그려보고 싶다.

볼 때마다 지금까지 동네의 대동치성을 이어가고 있는 지킴이들의 모습에 경외감이 생길 뿐이다. 자부심과 의무감을 동시에 갖고 있다는 특징도 발견케 된다. 대동치성을 드리는 동네에서는 어디를 가나 똑같은 모습, 똑같은 이야기, 똑같은 바람이 들린다는 사실도 확인할 수 있다. 자신만을 위해서가 아니라 동네사람들을 위해서 말 한 마디라도 축원할 수 있는 그 심성과 자세, 감사할 뿐이다.

서술의 중심을 전승의 가능성과 전승주체인 지킴이에 맞추려 노력하였으나 물리적인 한계와 짧은 식견으로 당초 욕심과는 달리 용두사미가 되어버렸다. 다음을 기대하면서 용기를 내본다. 흔쾌히 출판을 허락해 주신 서문당 최석노 사장님의 관심이 있었기에 출판이 가능하였다.

'우리 동네' 대동치성을 지금까지 이어준 이름 없는 어른들, 지금도 어려운 가운데서도 이어가는 마을 지킴이들께 부족한 정성이지만 이 글을 바치고 싶다.

2001년

굿전도사 박 흥 주

차 례

제1부, "옛 것도 알고 새 것도 알자"

강남구 대치동(한티마을) 영산단(도당) 밑에 세
워진 조그만 비석에 새겨진 문구다. 대치동 분만 아
니라 부군당·도당을 지키는 사람들의 한결 같은
마음일 것이다. 마을이 생긴 이래로 끊이지 않고 대
동치성을 지금도 이어가는 마을은 이 깃발아래 묶
어 보았다.

한남동 큰한강 부군당

만신 : 나 먼점 들어왔지. 근데 우리 며느리가 안 왔어. 나 용수탕집 노할아버
지야, (담 밑 한 장소를 가리키며) 여기, 여기가 내 자리야

동네 사람들 : 네 맞아요, 하하하.

만신(용수탕집 노할아버지) : 나 시주도 많이 하구 당에 대동에 힘도 쓰고 말
씀 한 마디라도 내가 듣기 좋고 보기 좋게 하고, 나 대우 많이 받았소. 나
만 들어오면 동네사람들이 모두 그저 나라 상감 들어오듯 하고 내 자리
마련해주고, 그만 하면 세상 아쉬울 것 없이 살았지. 나는 도당한테도
그렇고 없는 사람한테도 그렇고 내가 무척 정성스러웠소, 저 아랫도당
(작은한강 부군당)도 무척 위했고. 내가 돼지 한 마리씩 시주했소. (노
랫가락조로) 내가 무척 좋은 일도 많이 한 것 같애. 그래서 병도 없이 편
안하게 죽을 줄 알았지. 우리 마누라가 나 병구완 하느라고 고생도 많
이 하구우−. (대화식으로) 저기 아들들이나 편안했으면 좋겠어. 자식
들이나.

동네할머니 : 네.

총무 : 오늘 종현(할아버지 아들)이가 올지 모르겠어요. 시간이 나면 온다고
했는데.

만신(용수탕집 노할아버지) : 자식들하고 마누라 하고 잘들 살았으면 좋겠어.
정말 ‘으악’하고 살았으면 좋겠어.

동네사람들 : 네 그래야지요.

만신(용수탕집 노할아버지) : 앞서거니 뒷서거니 내가 주관하고, 정월 초하루

대동치성을 위한
상차림(2001)

께, 섣달 그믐께가 되면 "어떡하나 어떡하나, 올해는
일할 사람이 누가 있나, 수금할 사람이 누가 있나."

동네 할머니 : 네 얼마나 신경을 쓰셨는데요. 부군당에 바칠 돈
봉투도요 일 주일 전에 벽 위에다 미리 딱 올려놓으셨는
데 이번에는 영감님 돌아가시니까 그걸 깜박 잊어버렸
어요.

만신(용수탕집 노할아버지) : 몰랐지. (총무를 바라보며) 그
래도 제일 믿을 만한 사람이라 내가 부탁을 했지. 대동
일대 봐달라고 부탁을 했지. 내가 부탁을 했지. (총무
어깨를 툭툭 치며) 애써, 잘해, 근데 우리 마누라가 왔
으면 노자돈 좀 줄텐데, 그냥 갈까?

동네사람들: 하하하.

만신(용수탕집 노할아버지) : (동네사람들한테 노자돈을 받
은 다음에) 내가 이렇게 왔다가 쉬어 가요오.

덩덩 덩 – 더궁 덩덩
덩 – 더궁, 삐리리리
이 ~

만신 : 내가 왔소. 여관집 김
　　　씨. 여관집 김씨. (동
　　　네사람들에게 일일이)
　　　잘 있었수? 우리 아
　　　들이 오더니 안 와?

총무 : 모르겠어요. 오후에
　　　올는지.

만신(김씨) : 나는 만신을 무
　　　척 좋아해. 나는 만신
　　　이 무척 좋아.

대동굿 당일 당관
리인(김기수) 방
에 차려 놓은 성주
시루

동네 할머니 : 아버님적부터 좋아하셨죠.

만신(김씨) : 남들은 이상스럽게 얘기하는데, 나는 그건 아닌
　　　데. 그래서 굿이 나면 내가 끝까지 앉아서 지켜보지. 대
　　　동굿을 하면 이쁜 만신이 오면 막 이러고.

동네사람들 : 하하하하.

만신(김씨) : "젊은 만신 오나." 그러고. 젊고 이쁜 만신이
　　　오면 잔돈 많이 바꿔다 놓고, 많이 쓰지도 않아. 뒷전할
　　　때까지… (노랫가락조로) 그러던 낸데 어쩌다가 오장
　　　으로 병이 들어서 일찍 갈 줄 누가 알았소.

동네 할머니 : 그러게 말이에요.

만신(김씨) : 우리 동상도 왔어. 죽었어. 우리 형제들이 많아도
　　　내가 제일 도당에 정성스럽지 우리 형님은 별루야. 이렇
　　　게 앞서거니 뒷서거니 내가 댕겨 가요.

덩덩 덩더궁 덩덩 덩더궁, 삐리리리~이

만신(김씨 동생) : 대동굿을 하면 양단으로 바지저고리 곱게 입고 내가 도당
  에 세배하러 오지. 나 동상(동생)이야. 그 집(김씨) 동상. 재작년에 세
  상 갔나! 그래도 우리 마누라가 약을 잘 써서 무슨 암이니 무슨 암이니
  그래도 내가 몇 달 더 오래 살았지. 내가 이렇게 댕겨가고 댕겨가요~
  오

덩덩 덩더궁 덩덩 덩더궁 삐리리리~이

만신(빼빼할아버지) : (호통치듯) 돈 허피 쓰지 말어. 만신이 달라는 대로 주
  면 한없어.

동네사람들 : 하하하하.

만신(빼빼할아버지) : 없다구 그래. 달라는 대로 다 주면 자꾸 달라고 그래. 나
  왔어 나. 나! 난 죽었는데. 할아버지 왔지. 빼빼할아버지.

동네사람들 : 오! 아! 오셨어요. 살아서는 싸움도 잘하시더니.

만신(빼빼할아버지) : 만신하고 끔찍이도 싸웠지. 동네 수금 안 됐다고. (노
  랫조로) 끌끌하던 낸데에, 성깔있던 낸데에~. (대화식으로) 항우장사
  도 병들면 다 소용이 없어. 경우 밝고 눈치 밝은 나. (목소리를 바꿔)애
  들 썼소 애들 썼어. 내가 수금 가면 늙었다고 유세하지. 두 번 세 번 걸음
  하게 하지 말라고. 제쳐내 놓으라고. 내가 먹을라고 내놓으라느냐고.
  "내 정성이요 대동일대 정성인데."하고 악을 박박 쓰지. 안 주면 눈
  똑바로 뜨고 악을 쓰지. 그렇게 해서 걷어다 무당들 줘도 고맙단 소리
  도 안해. 응.

동네사람들 : 하하하.

위의 대화는 신사년(서기 2001) 음력 1월 1일(양력 1월 24일) 설날 한
남동 큰한강 부군당에서 대동굿 할 때의 모습이다. 이미 고인이 된 이 동네의
어른들이 광나루 평양집 할머니(만신)의 몸을 빌려 자손이나 동네사람들과

부군당 내부전경. 부군 할아버지와 부군 할머니 모습.

큰한강부군당앞
에서 한 거리 하
고 있는 제원엄
마.제원엄마는공
릉동도당의당주
이기도하다.

만나는 순간의 대화들이다. 조상거리에서다.

죽은 자와 산 자간의 고향에서의 만남, 그리고 무당 입을 통한 대화의 현장! 서울의 마을 대동치성의 조상거리에서 흔하게 만나는 광경들이기도 하다. 아니 마을 대동굿을 하게 되면 목격하게 되는 해후이기도 하다. 같은 터전을 공유한 산 자와 죽은 자가 만신의 몸과 입을 통해 서로 만나 회포도 풀고, 죽은 조상들이 동네의 안위를 묻고 자손들을 염려하는 극적인 상황이 연출되는 것이다. 이날 계속하여 고인이 된 이선춘씨도 다녀가고, 부군당 대동치성에 열성적으로 앞장섰던 박씨도 다녀갔다.

죽은 동네사람들이 다 다녀갈 즈음이었다. 기골이 장대한 바바리코트 차림의 노신사 한 분이 지팡이를 짚고 들어섰다. 들어서자마자 조상과 불사를 함께 모셔논 가건물 안 굿상으로 다가가 묵념을 드렸다. 이를 본 만신들이 놀라며 그 노신사를 반

오방기를 뽑아보는 마을 주민들.

제주 역할을 하며 굿판을 지키고 있는 이천만 총무. 만신에게 돈을 꽂아주며 흥을 돋우고 있다.

겼다. "어떻게 오셨냐?"는 평양집 할머니의 반색에 "어머니 생각이 나서"라는 말끝이 채 끝나기 전에 울컥 울먹임이 일었다. 76세 노신사의 울음! 현재 미국 휴스턴에서 큰아들과 함께 살고 있으며, 잠시 한국에 나와 개포동에 머물고 계신데, 자신의 잔뼈가 굵고 어머니와 누님의 애환이 담긴 한남동 부군당 치성 현장을 어떤 이끌림에 의해 찾았다는 것이다. 법철학을 전공하셨다는 노신사는 일본 유학도 하였으며, 성균관대학교 교수로 정년을 맞은 분이었다. 부군당과 부군당 치성은 이국땅에서 말년을 보내고 있는 노신사의 어머님에 대한 그리움과 어쩔 수 없는 향수를 아주 따뜻하게 맞아주었다.

부군당굿의 유래와 역사

이분은 6·25 때 한남동을 떠났으나 어머니는 한남동에서 사시며 큰한강 부군당을 지키셨던 분이었다. 만신이셨기 때문이다. '원당집'이 어머니의 만신 별호였다. 구한말 판서급 고위관리의 다섯째 딸로 태어났으나 신을 받아 만신으로 살았던 원당집은 한남동에 살면서 마을 당주로서 한남동의 부군당인 '큰한강 부군당'을 지켰다. 노신사의 누님도 원당집의 대를 이어 큰한강 부군당의 당주를 이어받았다. 그 뒤를 이어받은 만신이 바로 광나루평양집이다. 노신사는 젊었을 때 스승뻘이자 친구들이었던 월탄선생 같은 분들로부터 무교와 민속에 대해 연구하라는 권유를 많이 받았으나 어머니를 생각해 "절대 할 수 없다." 거절하였다고 한다.

현재 한남동에는 두 개의 부군당이 있다. 한남동 385-5에 있는 부군당이 '큰한강 부군당', 이곳에서 한남대로를 넘어 바로 건너다보이는 언덕바지에 '작은한강 부군당'이 있다. 한남동 577번지 부근에 예전에는 '작은한강'이란 마을이 형성되어 있었으며, '한강진 진영'이 있던 곳이다. 두 곳다 마을 토박이 중심으로 음력 1월1일, 즉 설날아침에 대동치성을 드리며 현재도 지켜가고 있다.

큰한강 부군당은 단국대학교가 있는 매봉산 줄기 끝자락에 한강을 바라보

고 자리한다. (원래 한남동 앞의 강을 '한강'이라고 하였다) 신사동 쪽에서
한남대교를 넘어오자면, 넘자마자 우측편으로 나지막한 산자락 주택가 속에
자리잡고 있어 눈에 잘 띄지 않는다. 인조 때 세운 것으로 추측된(당건물 수리
시 상량문에서 나온 기록에 의하여 추정) 당건물은 2평 정도의 기와집이며
1982년 6월에 마지막 개수를 하였다. 중앙벽면에는 부군님 내외분과 삼불
제석님 세 분을 모신다. 또 좌우 벽면에는 산신과 최영장군, 오방신장 등을 모

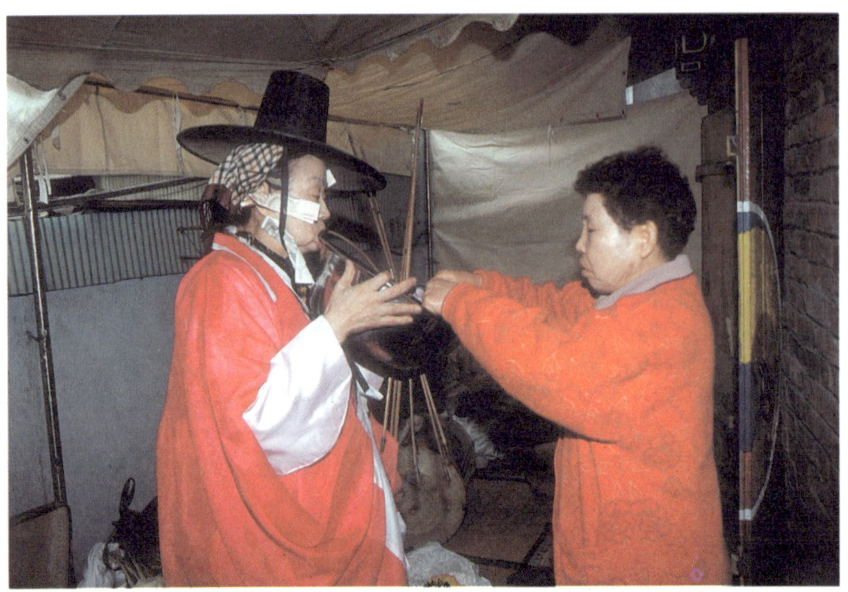

군웅거리에서 만신의 입에 붙은 양푼에 돈을 올리고 있는 신평균화주 부인.

큰한남동 부군당의 단골만신인
광나루 평양집 만신의 여러 모
습들

큰한강 부군당전
경. 삼태극이 선
명한 건물이다. 마
당을 사이에 두고
우측편에 보이는
기와지붕이 용궁
당이다.

시고 있다.

큰한강 부군당이라는 부르는 것은 마을 앞으로 남산에서 내려오는 개곡물이 흘렀는데 이 개천을 경계로 동쪽 마을을 큰한강, 서쪽 마을을 작은한강이라고 부른 데에 기인한다. 동쪽 마을이 규모가 더 컸으며, 일제시대에는 동쪽 마을에 면사무소(한지면, 말죽거리까지 관장)가 소재하기도 했다.

부군당 옆으로는 블록집으로 1평 정도의 용왕당이 한 울타리 안에 있다. 용왕당은 원래 한남대교의 입구, 즉 강가에 있었으나, 한남대교 건설로 헐리게 되자 부군당 경내로 옮겨 블록으로 용궁당 건물을 1972년에 지어 용왕을 모셨다. 그 옆으로 몇 년 전에 비바람만 막을 수 있는 가건물을 세워 마을 조상들을 모셔놓고 부군당굿 할 때 불사상(床)을 차리고 산상(山床)을 차린다. 2001년 대동치성 때 부군낭을 대대적으로 고치고 싶다는 마을 사람들의 의견에 "그대로 놔 두는 것이 좋으며 정 손을 대고 싶으면 겉만 잘 다듬으라"는 공수가 내렸다. 부군당치성을 드리는 이유는 마을의 안녕과 주민들의 윤택한 삶이다.

한남동의 역사

한남동은 일제 때까지만 하여도 큰부자들이 많았다고 한다. 현재의 단국대학교 자리를 소유한 사람도 이 마을 사람이었고, 논산훈련소를 만들기 직전까지 그 땅 소유자였던 분도 이 마을 출신이며, 여주땅은 거의 이 마을사람들의 소유였다고 한다. 그래서 자손들 교육에 투자가 많았으며, 일본에 유학한 인물들이 많았다. 일본에서 의학공부를 하고 돌아와서도 개원을 하지 않고 평생 무료로 환자들을 치료해주며 일생을 마친 박씨 성의 인물에 대한 동네사람들의 회상은 남달랐다. 장기영씨도 어린 시절 이 마을에서 성장하였다고 한다. 일제시대 미두(증권)를 맨처음 시작한 주체가 이 마을사람들이었다는 주장도 들을 수 있었다. 그러나 현재는 예전의 성세를 유지하지 못하고 있는 듯하다.

한남동은 구한말까지 '한남도(漢南渡)'가 있었던 곳이다. 현재 한남동 도선장(나루터) 부근으로 추정되는 한남도는 조선시대 제1의 도선장이었다. 국가에서는 별감(초기에는 '도승')이라는 관리에게 10~15척의 관선을 할당하여 인마의 통행을 기찰하고 통행의 편의를 도모토록 하였다. 이 한남도를 건너 건너편 사평진에 내리면 판교역(板橋驛)을 지나 용인-충주로 통하는 대로와 연결되었다. 한남도는 조선시대 한강의 여러 나루터 중 가장 대표적인 나루터였던 셈이다.

경강(한양 유역의 한강)의 여러 나루터는 도(渡)와 진(津)이라는 이름이 붙는데 대부분 '진'이라는 이름이 붙고 '도'라는 이름이 붙는 경우는 대로(大路)를 이어주는 나루일 경우였다. 도가 붙은 나루로는 양화도, 노량도, 삼전도, 그리고 한남도 4곳뿐(조선 건국초에는 국가가 관리하는 나루가 한남도와 양화도 2곳뿐)이었는데 그 중 한남도가 가장 컸던 것으로 알려졌으며,

조선후기에는 진(鎭)이 설치되어 훈련도감이 관리하기도 하였다. 이처럼 교통로로서뿐만 아니라 군사상으로서도 중요한 요충지였다. 그래서 국가에서는 도선장 북쪽에 설치한 양진단(楊津壇)에 봄·가을로 사고예방을 위한 제사를 지냈다.

한남동에 큰부자들이 많이 산 것은 18세기 후반부터 한강변의 경제주체로 떠오른 사상도고(私商都賈)들과 깊은 연관을 갖는 것으로 보인다. 이들은 봉건상업의 시전체제와 경제적으로 경쟁하여 승리함으로써 일종의 독점상업 방식인 도고상업을 정착시킨다. 그리하여 '경강부상(京江富商)', '경강거상(京江巨商)'이라는 거대 자본으로 성장한다. 이미 17세기부터 한강을 통해 한양으로 반입되는 세곡운송을 관선 대신 담당하여 운송업과 선상업(船商業)으로 자본을 축적하고 있던 사선 소유의 한강변 상인들은 이 자본을 이용하여 각지의 쌀, 소금 등을 매점함으로써 매점상업을 정착시킨다. 이를 바탕으로 청나라와 일본과의 대외무역까지 손을 댄다. 그 중심지가 용산·마포·서강·서빙고·두모포(옥수동)·뚝섬 등지였는데, 큰한강 부군당을 중심으로 하여 산 사람들은 그들 중에서도 거상으로 성공한 사람들이었던 것 같다. 그들은 이 자본을 바탕으로 점차 대토지를 소유하기도 하며, 후손의 교육투자에도 적극적이었으며, 미두라는 금융업에도 일찍 눈을 뜬 상업 주체들이었다. 그러나 지금은 과거의 영화와는 거리가 있어 보인다.

지킴이

여하튼 한남동은 토박이 중심으로 큰한강 부군당을 계속 지켜나가며 치성 드리기를 중단시키지 않고 있다. 2001년의 경우에는 76가구에서 치성금을 내고 동참하였다. 주민들은 '큰한강 부군당위원회'를 결성하여 전승의 주체로 삼고 있는데. 김정현, 김상연, 박경록을 고문으로 모시고 있으며, 박상천이 위원장을 맡고 있다. 김정현(용수탕집 김준봉 전회장의 큰아들), 김상연 고문은 대대로 부군당에 신심이 두터웠던 집안이다. 당을 전담하여 관리하는 김기수, 제물준비 등 매년 대동치성 물품을 준비하는 화주로 신평균, 그리고 총무를 이천만이 맡아 수고중이다. 현재 위원장이 병석에 있어 이천만 총무가 실질적인 실무를 전담하는 셈이다.

이천만 총무는 전 용산구의회 의원으로 4대째 이 한남동에서 살아왔다고 한다. 누가 억지로 시켜서 하는 것이 아니고 마음이 우러나서 하고 있으며, 주민의 성금을 모으는 작업이 제일 힘들다고 한다. 이천만씨가 총무를 맡고부터는 미리 협조 안내문을 발송한 다음에 각 가정을 방문하고 있으며, 사후 보고를 우편으로 한다. 한남동 역사정리와 부군당굿 전승에 강한 의지를 갖고 있는 마을의 지킴이다.

2001년에 부군당위원회의 재정을 한남동향우회에 공개함과 동시에 특별회비로 관리하는 안건을 발의하여 통과가 됨으로써 이후부터는 향우회에서 재정을 관리하게 되었다. 재정의 투명성을 더욱 확보함과 더불어 향우회 회원 중 40여 명이 대동치성금을 내고 있기 때문이다. 단골 만신인 광나루평양집은 2001년까지 38년째 큰한강 부군당 치성을 담당하고 있다. 일제 때 여학교를 나온 인텔리 출신으로 생존하는 한양만신들 중에서도 굿 잘하기로 몇 손가락 안에 꼽히는 원로급이다. 신지식까지 겸비하고 있으며, 70대 여성임에도 불구하고 증권에 손을 대는 감각의 소유자다.

제보자 : 이천만(남,)/ 2001년 1월 24일, 2001년 4월 24일 대담
조사 및 참관 : 2001년 1월 24일(음력 1.1) 부군당굿

목적	마을의 안녕과 풍요					
당	이름	부군당	형태	3평정도 한옥	주소	서울 용산구 한남동 385-5
		용궁당		1평정도 한옥		서울 용산구 한남동 385-5
	제신					
치성형태	굿과 고사				날짜	음력 정월1일(연1회)
전승주체	단체	큰한강 부군당위원회				
	대표	위원장) 박상천		총무) 이천만	주소	서울 용산구 한남1동 177번지 총무) ☎793-7858
당주	이름	신평균(남, 68세			주소	건물 관리인
단골만신		광나루 평양집		여, 70세	주소	서울특별시 광진구 광장동 259-8 ☎457-6726

당산동 부군당

점심시간이 되니 임시로 가설된 식탁과 부군당 1층 여기저기에 할아버지들과 내외빈들이 한자리들 잡고 뭔가 열심히 먹고 있다. 대접과 입 사이를 오르내리는 숟가락에 먹음직스러운 건더기가 연신 따라 올라간다. 반주가 빠질 수 없는 순간! 간간이 숟가락을 놓고 소주잔을 주고 받는 모습도 낯설지가 않다. 예년과 다름없는 정겨운 모습이다. 계속 진행되고 있는 부군당 안의 굿보다 더 열중하게 만드는 대상이 점심에 먹는 그 음식인 것처럼 느껴질 정도다. 순대국! 왕건이(?)가 먹음직스

당산부군당전경

유례식 고사 지성
(1998)

러운 그 점심 메뉴는 당주가 전날밤을 새워가며 끓인 '당산 부군당 순대국'이다.

당주의 책무 중 절대 빠질 수 없는 것이 당산 부군당굿의 순대국맛을 제대로 낼 수 있어야 한다는 점이다. 순대국을 맛있게 먹는 당산동 사람들을 볼 때마다 1996년 당산 부군당굿에서 본 황인균 당주의 모습이 떠오르곤 한다. 동네 사람들이 순대국을 맛있게 먹는 모습을 보고 의기양양하다고 느낄 정도로 흐뭇한 미소를 짓던 당주였다. 그 전해에 처음 당주가 되어 순대국맛을 내는데 실패하여 얼마나 핀잔을 들었는지 모른단다. 그런데 그 해에는 드디어 성공하였다는 것이다. 바로 당산 부군당순대국맛을 말이다. 동네 어른들한테 문의도 하고 신경을 팍팍 써서 성공해낸 성취감에 어린애처럼 좋아했다. 처음 그 말을 들었을 땐 "뭐 그게 그리 대단하다고" 생각했었는데 자주 보게 되면서 그 의미가 절절이 다가왔다. 당산부군당의 전

굄질을 끝낸 부군당 내부. 바닥에 순대도 보인다.

참배하는 주민들

승은 맛(순대국)으로도 이어지고 있었다.

　당산 부군당의 준비 과정은 여전히 잔치분위기가 난다. 부군당은 2층으로 되어 있는데 2층에 본당이 있고 아래층에서는 음식조리가 이뤄진다. 전날밤에 찾으면 환하게 밝힌 알전구 불빛을 받으며 만국기가 펄럭이는 가운데 40-50 대의 장년 남자들이 앞치마를 두른 채 분주하게 움직이는 모습을 목격할 수 있을 것이다. 순대국을 끓이는 장소는 2층 본당 뒤편이다. 대형 가마솥을 걸어놓고 프로판가스로 밤새워 순대국을 끓인다. 밤새워 끓이는 동안 부군당을 지키는 효과도 자연스럽게 얻는다.

　또, 당산 부군당 치성에서 빠지지 않는 음식이 하나 더 있다. 소껍질이다. 이 음식은 배고픈 시절의 눈물이 담겨 있는 음식이기도 하다. 일제는 당산동에다 1912 년 '조선피혁주식회사'를 설립했다. 종업원 300 명 규모의 큰 공장이었다고 한

은행나무에 치성을 드리는 마을대표들

다. 공장에서 소가죽을 벗겨내고 버린 껍질을 주어다 삶아 먹었다. 유년시절 저마다 맛본 그 소껍질맛의 추억이 이제는 당산동 사람들에게 별미로 등장하여, 그 시절담과 함께 소주안주 역할을 톡톡히 하고 있다.

일 년에 한 번만 맛볼 수 있는 맛! 안녕과 풍성함은 대동굿을 하는 주된 목적이다. 그 출발은 항상 풍성하고 맛있는 밥과 음식으로부터 시작된다. 독특한 우리 동네만의 맛이 있을 때와 없을 때의 결속력? 차이가 많을 것이다.

1998년 음력 7월 1일에는 귀한 손님들이 부군당 고사치성 현장을 찾았었다. 당산동에 소재하는 당서초등학교 3학년 200여 명이 선생님들의 인솔로 자기 동네의 역사유적을 견학 온 것이다. 부군당 앞길을 빼곡히 채운 체 이 지역 향토사학자로부터 부군당의 유래와 역사에 대한 강의를 듣고 있었다. 이를 기획한 주체는 당산2동 노인정 부속 '당산향토문화학교'

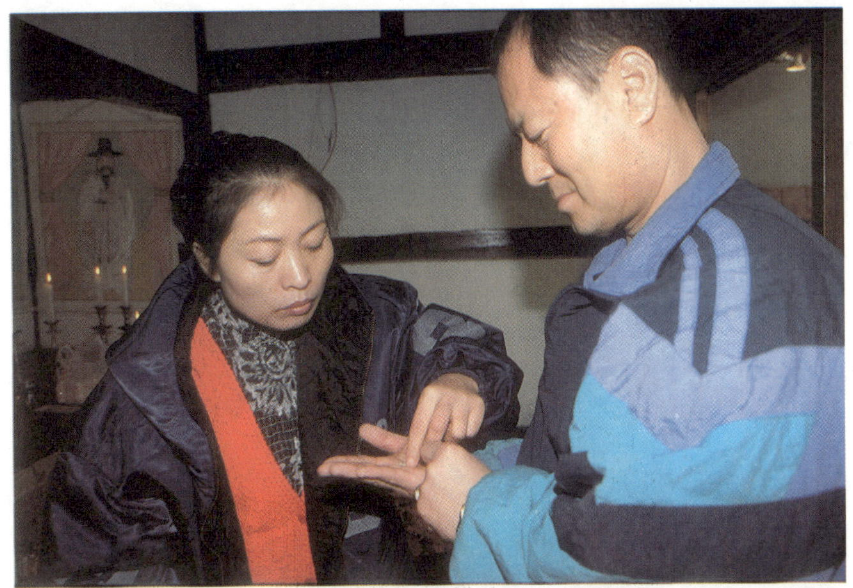

쌀산을 받고 있는
주민. 고사치성이
기 때문에 만신이
평복차림이다.

였으며 강사는 김영진님이었다. 떡과 함께 '당산 부군당제'라
적힌 뺏지도 받아든 아이들은 선생님의 인솔로 돌아들 갔다.
아이들이 어디서도 맛볼 수 없는 맛있는 그들만의 음식을 일
년에 한 번 부군당을 찾을 때 먹을 수 있다면… 당산동 부군당
의 미래는 많이 다를 수 있겠다는 생각이 들었다. 물론 순대국
으로부터 나온 아이디어다. 이는 반기(마을굿이 끝나면 차린
음식을 똑같이 나눠 각 가정에 나눠주는 풍습)가 이미 사라진
전국의 여타 마을굿 현장을 대할 때마다 강하게 되살아나는 생
각이기도 하다.

　순대국맛의 위력인지는 속단할 수 없지만 당산동 부군당 치
성에서는 매년 낯익은 얼굴들과 인사를 나눌 수 있다. 어느 해
인가 새로 지은 건물의 분양이 잘되게 해달라고 부인과 함께
부군님께 절을 올리던 훤칠한 박사장님, 항상 머리에 반질반
질하게 기름을 발라 넘기고 말쑥한 양복차림에 방명록을 책임

가가호호 소지를 올려주는 서정자만신. 신어머니인 당인리 할머니를 따라 당산동 부군치성과 인연
을 맺은 시간이 벌써 30년이다.

지시던 멋쟁이 아저씨, 부군님께 정성을 드려 아들이 탈없이 커 대학도 순조롭게 들어갔다고 믿는 40대 후반의 장씨 아주머니 등등 많다. 쭈글쭈글한 노인네 얼굴들이 아니라 아직 팽팽한 젊음을 느끼게 하는 모습들이다. 당산동에서 중추적인 역할들을 하는 주역들이기도 할 것이다. 한강에서 멱감고, 여의도 샛강을 헤엄쳐 건너다니고, 여의도에 땅콩 서리하러 다니며 유년시절을 함께 보낸 깨복쟁이 선후배들이다. 그리고 부군당 치성을 드리는 날 새벽에는 목욕재계하고 부군할머니 뵈려고 동네 사우나탕에서 여전히 깨벗고 만나는 사이들이기도 하다. 마을 대동 치성이 결코 없어지지 않을 것이라는 믿음이 드는 동네 중 당산동을 대표적인 사례로 꼽고 싶다.

마을 유래 및 대동 치성

당산동은 이름 그대로 마을 언덕에 당이 있어 생긴 이름이다. 한강과 바로 접하고 있었던 당산동은 강 모래밭이 넓었으며 해당화가 많이 서식하였다고 한다. 해당화가 많아서 붙은 이름(棠山)이라는 설도 있다. 당산(棠山)이라 표기된 옛 문헌도 발견된다. 주민들은 주로 농업에 종사하였는데 고위관리들은 살지 않았다고 한다. 언덕의 당을 중심으로 윗당산(20여 호), 옛날 당집이 있었던 원당산(40여 호), 벌판 안쪽에 형성된 벌당산(안당산, 20여 호), 이렇게 몇 개의 자연마을이 어울려 있었는데 모두 같은 당을 받들어 모셨다.

원래 당은 언덕바지에 있는 큰 은행나무 2그루가 있는 곳에 2m 높이의 터줏가리를 세우고 그 앞에서 치성을 드렸다고 한다. 지금도 수령 500년 된 은행나무가 한 그루 서 있는데 나머지 한 그루는 6·25때 죽었다. 이 은행나무에는 사연이 있다. 1925년 을축년 대홍수 때 많은 사람들이 이 은행나무에 피신해 살아났다고 한다. 서울의 홍수를 이야기하면 을축년 대홍수가 빠지지 않는다. 홍수로 인해 물줄기가 바뀌어 석촌호수가 생겼으며, 수많은 사람들이 죽고, 또한 엄청난 이재민이 생겼다. 그래서 없어진 동네도 있고 피난가 자리 잡고 살다보니 새로운 동네도 여럿 생겨났다. 그런 홍수였다. 당산동 당산이

그 홍수를 피하게 해줬다.

아파트도 없고 노들길이나 88대로가 생기기 훨씬 전에는 은행나무가 있던 당산 언덕이 그 일대에서 가장 높은 지대였다고 한다. 지대가 높아 물이 침범하지 못했다. 강물에 떠내려가던 사람도 이 당산으로 기어오르면 살아날 수 있었다. 당산이 생명의 은인이 되었다. 이 홍수를 겪고 난 다음에 당산에 대한 동네사람들의 신심은 더할 나위가 없게 되었다. 당시에 당집 근방에 있어서 무사했던 28집을 보호하기 위해 당집을 지었다는 이야기도 있다. 그 부군당은 당산동 1가 85번지에 있었다.

그런 부군당 건물이 옮겨야 할 상황에 봉착한다. 아파트단지가 들어오게 되면서다. 부군당을 밀어내고 강변을 따라 삼성아파트 단지가 들어서며 대신 현재의 위치에 2층 건물을 지어줬기 때문이다. 대지 15평 정도의 땅에 1층을 콘크리트 슬래브로 만든 다음, 그 위에 원래 있던 부군당 건물을 그대로 옮아놓았다. 옮겨온 부군당 건물은 1950년 4월8일 건립된 것으로 기록되어 있다. 2층으로 올라가는 계단 입구에는 1974년에 세운 부군당비가 있는데 부군당이 1450년에 창립된 것으

로 적고 있다. 3평 정
도의 맞배지붕 기와집
으로 안에 모시는 화분
(무신도)도 그대로 모
셔온 것이다.

부군당집은 옮겼을망
정 은행나무는 여전히
중심 역할을 하고 있다.
죽은 은행나무 대신 근
래에 한 그루 새로 심어
키우는 중이다. 당굿을
하는 중에 당주를 비롯
한 마을 대표들과 만신
이 은행나무 동산에 함
께 올라 나무와 터에 막
걸리를 붓고 경배를 한
다. 부군당 치성의례 중

마을 주민들이 대
동공수를 받는 모
습

가장 중요한 의식으로 인식하고 있다. 참석한 사람들이 모두
막걸리통을 들고 은행나무와 은행나무 주위의 터주신에게 막
걸리를 뿌리는 모습은 바로 밑 88도로를 달리는 자동차 행렬
과 위용을 차랑하는 한강변의 도시미관과 대비되어 한바탕 행
위예술 장면으로 느껴진다. '막걸리 많이 드신 나무' 라는
말은 그 행위예술 작품의 강렬한 메시지가 담겨 있는 주제어로
들리고…

부군당에 모시는 신령은 모두 8분이다. 부군할아버지를 중
심으로 흰색 도포에 갓을 쓴 허연 수염의 대동할아버지, 산신

님, 칠성님, 삼불제석님, 장군님, 대감님을 중앙 벽면에 모시고, 우측 벽면(참배자 시각)은 군웅님과 활을, 좌측 벽면에는 각시(?)로 추정하는 노랑저고리에 붉은 치마를 입은 젊은 여자가 모셔져 있다.

이분들에 대한 치성은 일 년에 두 번이다. 음력 7월 1일과 음력 10월 1일이다. 치성일 일 주일 전에 깨끗한 사람 10명을 소임으로 선출한다. 그날부터 부부간의 동침이 금지되며, 황토를 깔고 금줄을 치는 등 부정을 가린다.

지금은 당산향우회가 결성되어 치성 전반을 주관하기 때문에 노인회는 2선으로 물러난 상태다. 2-3일 전에 소임들이 시장을 보아 하루 전날 부군당에서 조리에 들어간다. 굄질(진설)은 전날밤에 하게 되는데 단골 만신이 와서 한다. 삼불제석과 부군할머니 시루는 무슨 일이 있어도 쪄야 하며, 7월 고사떡은 3켜를 올리고, 10월 대동굿에서는 5켜를 올린다. 그리고 부군, 제석, 군웅 이렇게 3분 신령께는 술을 올리지 않고 옥수를 바친다. 제석님에게는 쌀을 2그릇 올린다. 당산동 출신으로 영화호텔을 경영하는 노인이 매번 소머리를 책임지고 마련하여 내외가 치성에 빠지지 않고 참석하고 있으며, 동네에서 방앗간을 하는 김정택씨가 떡은 책임지고 있다. 치성금은 동네 추렴금으로 충당한다. 예전에는 300여 가구가 동참하였으나 현재는 많이 줄었다. 200여 명이 참석하는데 주로 2-3만원의 치성비를 낸다.

7월 치성에는 간단히 고사치성으로 하고 10월 치성에는 굿을 한다. 양쪽 공히 아침 9시경에 유교식으로 제를 먼저 지낸다. 부군당 치성을 주관하는 당산향우회원들이 당주와 당산향우회장의 주도로 분향재배에 이은 독축이 이어지는데 초헌관이 축문을 읽는다. 독축이 끝나면 소임(所任;음식준비 등 뒷일을 돕는 직책)을 포함한 참석자 전원이 차례로 잔을 올리고 소지를 올린다. 소지가 끝난 다음에는 음복을 하고 반기에 들어간다. 최근에는 집집마다 돌리지 않고 동사무소, 노인당 등 공공기관과 통반별로 제물을 나눠 분배하는 방식을 취하고 있다.

10월에는 제관들의 제가 끝난 다음 이어서 당굿(대동굿)을 한다. 단골무

당이 매년 와서 굿을 이끄는데 부정굿, 당굿, 군웅굿, 제석굿, 장군굿, 대감거리, 불사굿, 창부거리, 지신밟기, 소지올리기, 영산으로 짜여 있다. 요즈음은 당일 해가 지기 전에 굿을 마무리짓는다.

전단골만신이었던 손정희 만신. 당인리할머니로 불리었다.(1996)

지킴이

당산향우회란 단체가 결성되어 있어 당산동 부군당 치성을 주관하고 있다. 30~60대까지 35여 명의 회원으로 구성된 향우회는 매월 10일에 정기모임을 갖는다. 치성날이 가까워지면 10일 전에 회의를 열어 소임 선출과 치성준비 전반에 대한 계획을 짠다. 모두 동네 선후배 관계로 묶여 있는 40~60초반의 젊은 장년층이 부군당 치성에 헌신적이다. 박용순(6대째 토박이), 박윤웅(중장비업), 송습섭(3대째 토박이. 판매업), 송문수(5대째 토박이, 공작 기계 제작업), 심춘수(5대째 토박이, 최근 부천으로 이사, 수퍼하다 은퇴), 김영석(5대째 토박이, 보일러시공) 등이 대표적이다.

당산동의 당주는 종신직이다. 전 당주는 소임들 중에서 평소에 눈여겨보았다가 후계자를 선정하며 다년간 수업을 시킨 후에 인계한다. 1993년에 당주가 된 황인균(65) 당주는 친고모님의 뒤를 이어 당주가 되었다. 왕십리 쪽에 직장을 갖고 있는 직장인으로 부군당의 관리와 치성에 자부심을 갖고 있으며, 애정이 많다. 또 한 사람 중요한 역할을 하고 있는 주민이 있다. 장석자(51)로 상차림과 조리법을 전수하는 중이다. 매번 참석하여 부엌일을 돕는다. 현 당산향우회장은 안종석으로 향우회장을 맡기 전까지는 부군당에 관심이 없었으나 향우회장을 맡고 난 다음에는 부군당 치성에 애를 많이 쓰는 중이다.

당산동에는 단골 만신이 있다. 현재 당굿을 주재하는 만신은 서정자만신이다. 서만신은 30년 가까이 당산동 부군당 치성에 참석하고 있다. 신어머니인 당인리 할머니(손정희, 1912년생)를 따라다니며 당산동과 인연을 맺었다. 신어머니가 연로하면서 물려받아 모든 꿈질과 굿의례를 주재한다. 신어머니는 1996년 10월 치성 때까지만 해도 함께 참석하여 감독하였다.

제보자 : 황인균(남, 65)/ 6대/ 1996년 11월 11일, 2001년 4월 23일 대담
서정자(여. 60)/ 1998.11.11 대담
장석자(여, 48)/ 서울 영등포구 당산동6가 110-72호/ 1998월.10.22(음10.1) 대담
조사 및 참관 : 1996년 11월 11일(음 10.1) 대동굿/ 1997년(음 7.1) 고사치성/ 1998년 10월 22일(음 10.1) 대동굿/2000.(음7.1) 고사치성

목적	마을의 안녕과 풍요				
당	이름	부군당	형태	대지:15평 당: 8평	주소	서울특별시 영등포구 당산1동110-71
		신목(神木)		은행나무 2		서울특별시 영등포구 당산1동 110
	제신	부군님, 산신, 칠성, 군웅, 대감, 대동할아버지, 대신할머니, 각씨할머니, 삼불제석				
치성형태	굿과 유식고사			날짜	음력7월1일, 10월1일(년2회)	
전승주체	단체	당산향우회				
	대표	안종석(1937년생)			주소	서울특별시 영등포구 당산동6가
당주	이름	황인균	성별 나이	남, 65	주소	영등포구 당산동6가 234-12 ☎2634-5681
단골만신		서정자		여. 60	주소	☎844-9585

염창동 도당

햇곡맞이 신곡자랑 받으시고
원풀고 한풀어 후한을 폽소사
기미년 모두다가 상산호구 본향호구
도당호구 부군호구 서천받아 용신호구
도당호구 부군호구 서천받아 용신호구 ……

안양천과 한강물이 만나는 바로 그 지점, 88도로를 쏜살같이 달리는 자동차 물결이 바로 눈아래 내려다보이는 야트막한 산책로 언저리, 88도로와 산책로 오솔길이 바로 만나는 그 자리에 쓰러져 있는 한 토막 고목나무, 그 앞에 풍성하게 차려진 굿상을 앞에 하고 장구반주를 하며 직접 부르는 북일네의 무가소리 한 토막이다. 88도로를 가득 메운 자동차 소음소리와 장구소리에 묻혀 거의 알아들을 수 없는 소리이지만, "햇곡맞이 신곡자랑 받으시고"란 말은 생생하게 귀를 헤집고 들어왔다. 때는 음력 10월 상달!(초하루) 일 년의 결실을 다 거둬들이고 그 풍요의 기쁨을 도당 부군님께 고하며 감사의 기쁨을 나눠갖던 전통의 현장이어서였으리라. 5대째 이 염창동 도당 대동치성을 받들어왔다는 60대 만신의 노랫소리는 막힘이 없었다.

해후넌 위하라 기미면 날생은 10월은 초하루에
공수유 놓구나 뒷산
위하라 염창은 대동일동 모두 다가 시절이던 부군하여

옮겨 다니다 고사해버린 염창동의 도당신목

애동제자 소꿉장난 이정성을 받으시고
원풀고 한풀어 후한을 품소사아

"애동제자 소꿉장난 이 정성을 받으시고"란 말이 예사롭
게 들리지가 않는다. 애동제자라면 이제 막 신을 받은 무당을
일컫는 무당들 사이의 언어다. '소꿉장난 이 정성'이란 표
현은 차린 음식과 들이는 정성이 아주 미흡하다고 스스로를 낮
춰 겸손해하는 표현일 것이다. 애동제자는 이 굿판을 마련한
만신, 즉 북일네 자신을 일컫고 있음을 미리 저간의 사정에 대
한 정보를 갖고 있었던 구경꾼은 바로 알아차릴 수 있었다. 염
창동을 위해 마련한 이 대동치성이 전적으로 북일네 개인에 의
해 준비되고 이뤄지고 있었기 때문이다. 애동제자라는 표현
역시 자신을 낮춘말이었다.
  굿을 하는 현장은 염창동 도당터이며, 쓰러진 나무는 원래

도당터가 88도로의 개설과 아파트 개발로 헐려나가면서 3회에 걸쳐 옮겨 심어지다가 마침내 뿌리를 내리지 못하고 고사해버린 도당나무였던 것이다. 아파트 개발바람이 불어 집들이 뜯겨 나가고, 동네 노인들이 세상을 뜨면서 언제부터인가 마을사람들이 도당 대동치성을 챙기지 않게 되었다. 10여 년 전의 일이다. 동네가 합심하여 성대하게 대동치성을 드리던 염창도당이었는데 이제는 북일네의 추억에 간직될 사건으로 묻힌 것이다. 북일네는 신의 제자이기도 하지만 5대째 정성을 바쳐온 도당을, 집안 대대로 살아온 고향(염창동)의 도당을 저버릴 수 없었다. 주민들이 도당을 거들떠보지 않아도 형편 되는 대로 매년 두 번씩 도당을 챙긴다. 죽은 도당나무 대신 새로 묘목을 사다 도당나무를 다시 심어 가면서…

누구 도움도 없이 대동치성의 맥을 잇고 있는 것, 물론 남보다 자신과 가족을 위하는 마음이 더 앞설 것은 인지상정이리라.

위하라 받으소사 반가라 받으소사 이 정성을 받으시고
기잘랑은 잘 불리고 동서남북 잘 당기고 이름나고 명나게 도와주고
자손들은 바람없고
동네도 평안하고 우환없고 재난없이 도와를 줍시사
금성당 대신호구 송악동 상대호구 수영은 반장안호구 백옥남산 불사호구
김포통천 새별상호구 화주당은 송씨부인 나씨호구 월디동 중디호구 이고랑산 도당호구
서천받아 용신호구 운무씨 챙기씨
수위에서 영구를 물리어 도와를 주시고
시월은 상달맞이 문안맞이 받으시고 원풀고 도와주고

'기잘랑', 즉 기자(무당)인 자신은 잘 불리고 동서남북 잘 다니고 이름나고 명나게 도와달라 기원하고 있으며, 자손들에게 신의 바람 인간의 바람을

굿상에 올린 웃기
떡. 청색과 홍색,
그리고 노란색으
로 물을 들였다.

없애 평탄하면서도 안락하게 잘 지내게 해달라고 축원하고 있
다. 그러나 자신의 축원에만 머무르지 않는다. 마을과 동네의
평안과 안녕에 대한 기원과 덕담을 반드시 챙기고 있다. 비록
전혀 관심 써주지 않는 동네이지만, 아니 오히려 미신시하며
냉대하지만, 동네 전체를 자손으로 생각하는 도당님을 받드는
자리이자 동네 전체를 위한 치성이기에 동네 전체에 대한 축원
과 덕담이 빠져나갈 수 없는 것이다.

그 무서웠던 마마(천연두), 그래서 신령처럼 위하고 받들어
그 화를 피해보려 했던 호구(마마), 그 호구를 물리치고 영구
(액)를 물리쳐 달라고 도당님께 빌고 기원하던 대동치성인데…
분명 아파트와 개발바람은 호구보다도 더 무섭고 독한 존재다.
도당님 터전도 파헤쳐 버리고, 이웃과 동네를 서로 생각하던
아름다운 마음까지 다 빼앗아 가버렸으니 말이다. 그러나! 그
러나 동네를 생각하고 이웃을 생각하는 그 순박하고 소박한 마

새로 심은 도당나무에 명태와 떡을 매달아 주고 있다.

음의 뿌리까지는 염창동에서 아직 도려내지 못하고 있었다.

염창동과 염창산

염창동은 '염창(鹽倉)' 즉 소금창고가 동네에 있어서 붙은 이름이다. 조선시대에 뱃길로 운반해온 소금을 보관하던 창고(염창동 103번지 부근)가 염창동에 있었다. 서해안과 남해안의 염전에서 모은 소금을 세곡과 함께 뱃길 따라 한양으로 운반하면 모두 이 염창에 일단 하역하여 보관하였다. 국가용과 군사용, 그리고 일반판매용으로 구분하여 보관된 이들 소금은 매우 귀한 물품이어서 국가가 전매품으로 관리하였다. 17세기에는 그 이권 때문에 궁방과 아문에서 염분을 절수받아 염리(鹽利)를 독점하고 있었는데, 18세기 균역법이 시행되면서 이를 철폐하고 국가가 관리하게 되었다. 전국 각지의 소금 산지에 염세를 부과하고 자유로이 생산케 하였다. 운반된 소금이 많을 때는 소금더미에서 "임금 용안을 볼 수 있다"고 할 정도로 엄청난 양이어서 3군데(上염창, 中염창, 下염창)로 나누어 보관하였다.

소금은 물에 녹는 경우가 많았기 때문에 일단 한강에 소금배가 들어오면 가장 먼저 도착하는 염창동에 소금을 부리고, 다른 물품들은 서강이나 마포로 운반하였던 것이다. 소금배가 다닐 무렵엔 염창동 앞 한강물의 흐름이 급한데다가 물목이 좁아 모래가 자주 메워져 종종 여울목이 생겨났다. 이 때문에 충청도·전라도·경상도의 조운선(세금으로 받은 양곡을 운반하던 배)이 가끔 침몰하는 경우가 생겼다. 소금의 경우 침몰은 절대 피해야 할 상황이므로 미리 염창동에 부릴 수 있도록 창고를 마련한 것으로 보인다.

소금은 워낙 귀중한 물품이라 암거래와 투기가 성행했다. 운반중 물에 녹아 염창에 도착하면 심한 경우 반도 못 챙기는 수도 있었다 한다. 경강상인들의 농간도 심했는데 균역법 시행 이후 자유로운 생산이 이뤄지자 경강상인들이 소금의 생산지나 한강 연안에서 매점하여 놓고 가격을 조정하면서 이익을 추구했다.

용왕풀이. 굿에들
어가기전에먼저
강변으로나가용
왕맞이를 한다.
강변으로가기위
해서는 88도로를
건너야한다.

염창은 뱃길뿐만 아니라 양화진에서 얼마 떨어지지 않은 곳이라 자연스럽게 김포·통진·강화로 가는 길목이 되었다. 나그네들과 뱃사람, 그리고 소금장수들의 풍성한 호주머니를 겨냥한 주막거리가 성시를 이룬 것은 불문가지였다. 소금의 집산지라는 이점은 마포나루처럼 한양으로 공급되는 새우젓 집산지이기도 했다. 그래서 새우젓을 담을 젓독 생산 도기공장도 많았다. 뱃길이 끊기고도 도기공장은 계속 성업을 이뤄 10여 개가 가동하였다. 흙은 월정초등학교와 화곡 아파트 일대에서 채취해 왔다.

염창동은 한강가에 솟은 염창산 산록에 홍수를 피해 이전한 사람들에 의해 형성된 마을이었다. 도당은 바로 염창산(염창동 100번지)에 있었다. 염창산에 있던 도당은 할아버지 도당이었다. 그러다 아파트(염창동 현대아파트; 1995년 준공)가 들어서면서 염창산을 깎아내려 버려 도당나무와 터

를 그 아래로 옮겨야만 했다. 다시 88도로가 나면서 또 다시
옮겨 지금의 자리에 터를 잡았다. 염창동에는 도당이 하나 더
있었는데 할머니 도당이었다. 염창산에서 증미산 쪽으로 100
여 미터 내려온 평지에 있었다. 이 역시 아파트(한강 동아아파
트)가 들어서면서 잘려나가 현재 도당할아버지를 모신 도당
나무 바로 옆으로 새 묘목을 심어 모셨다. 고사한 도당나무는
치우지 않고 그 자리에 그대로 놓은 채 새 신목을 옆에 심었다.
그 앞에는 시멘트로 단(가로 1m정도)을 만들어 놓았는데 전
면에 한문으로 '上山致誠壇(상산치성단)'이라 적고, 단기4317
년 음력 12월에 옮겼다고 기록이 되어있다. 본래부터 당집은

부정거리를 하고
있는 굿판 전경

불사거리. 강 건너편에 쓰레기 매립이 끝난 난지도가 보인다.

굿구경온 사람에
게 대추산을 뵈주
고 있다.

없었으며 터와 도당나무만 있었다고 한다.

염창동 도당에는 일 년에 2회 치성을 드린다. 음력 7월1일
과 10월 1일이다. 7월 1일엔 간단히 고사로 지내고 10월 1
일에는 대동굿을 했었다. 근년에는 경제적인 문제로 여러 해
걸러서 하다가 개발바람이 불면서 대동 차원에서는 끊기고 말
았다. 고사를 하더라도 단골만신이 와 집전하는 굿식이었다.

치성일이 가까워오면 당주와 화주를 뽑았다. 생기복덕을 가
려 선출했으나 화주를 통반장이 대신 하던 시기를 거쳐 서로
당주를 맡지 않으려 하면서 흐지부지 끊기고 말았다. 이들은
치성금을 모으고 시장을 봐 오는 등 치성준비를 했다. 통돼지

를 잡고 한 가마 이상의 떡을 하였다.

고사를 지낼 경우 밤 12시에 지내며, 대동굿을 할 경우에는 아침부터 시작하여 당일 끝낸다. 굿의 순서는 먼저 강가에 나가 용왕을 푼다. 이 때 간단한 제물(수수경단, 삼색과일, 가래떡과 인절미, 팥시루떡, 메밀, 동전꾸러미)을 차려 간다. 이어서 도당으로 와 부정거리부터 시작한다. 부정거리가 끝나면 산바라지를 하고, 이어서 불사, 당할머니, 상산, 성주, 창부, 서낭, 뒷전의 순서로 굿을 풀어나간다. 고사를 지낼 경우도 이 순서에는 변함이 없으나 약식으로 간소하게 할 뿐이다.

지킴이

현재 마을 원주민으로 도당에 신경쓰는 사람은 거의 없다고 할 수 있다. 이미 언급하였듯이 단골 만신집안인 북일네가 개인적으로 지켜나가고 있다. 북일네는 충북 옥천이 고향으로 23살에 염창동으로 시집왔다. 시어머니인 북일네는 만신이었다. 5대째 신을 모셔온 집안으로서 시어머니가 북일네였다. 큰딸의 이름이 북일이어서 그렇게 불리게 된 것인데 그 며느리도 현재 북일네로 불린다. 시집 올 당시에는 신을 모시지 않았었고, 시어머니가 돌아가시고 난 40대에 신을 받아 뒤를 잇고 있다.

시어머니 북일네는 염창동 도당뿐만 아니라 바로 한동네나 마찬가지인 증미동의 증미 도당, 그리고 공항로 쪽에 있는 등마루(등촌2동) 부군당, 그리고 목동사거리 못미쳐 남알리(구 통합병원 너머) 도당의 단골만신이었다. 현 북일네가 이를 물려받았다. 염창동, 증미동, 등마루 도당(부군당)의 단골이다가 현재는 염창동과 등마루만 맡고 있다. 대대로 살아왔던 터에 지금도 살고 있으며, 신당도 시어머니가 모시던 신령을 그대로 모신다. 화분을 그리지 않고 붉은 비단(가로×세로 = 10×35cm정도)에 신령 이름을 써 위패처럼 모시는 모습이 독특하다.

모시고 있는 신령은 우측에서부터 좌측으로, 산신령부군(山神靈府君神位),

창부거리.

오호대장군(五虎大將軍神位), 산신령부인(山神령夫人神位), 내전부인(內前夫人神位), 정전부인(正前夫人神位), 용장군(龍將軍神位), 관성제군(關聖帝君神位), 소일황제(김日皇帝神位), 옥황상제(玉皇上帝神位), 일월성신(日月星辰神位), 미력님(미력님神位), 칠성님(七星님神位), 최일장군(崔一將軍神位), 용궁아기씨(龍宮阿기씨神位), 임장군(林將軍神位), 호구별성(戶口別星), 오방신장(五方神將神位), 대신할머니(大神할머니神位)이 모셔져 있다. 모두 한문으로 씌어 있으나 어려운 한자들은 그대로 한글로 표기되어 있다. 북일네는 간판이나 만신표식을 하지 않고 살아간다.

제보자 : 윤원금(여, 64세, 무당)/ 1999년11월8일, 2001년4월17일 대담
조사 및 참관 : 1999년11월8일(음력10.1) 도당굿

목적	마을의 안녕과 풍요, 단골만신 집안의 안녕					
당	이름	할아버지도당	형태	도당목(10년생) 상산치성단 (콘크리트)	주소	서울특별시 강서구 염창동 100번지 (한강동아APT와 염창현대APT 사이 길의 끝, 이수정터 표석이 있는 곳)
		할머니도당		도당목(5년생쯤)		상동
	제신	도당할아버지, 도당할머니				
치성형태	대동굿 / 고사				날짜	음력 7월1일, 10월1일 (연2회)
전승주체	단체	없음				
	대표	없음			주소	
당주	이름	북일네 (윤원금)	성별 나이	여, 64, 무당	주소	서울시 강서구 염창동 89-2호 ☎3664-0337
단골만신		북일네		여, 64	주소	상동

신길 2 동 방아곳지 부군당

　구의회 의원이라는 사람이 적극적으로 이 방아곳지 부군당
굿에 참여하고 있었다. 그 해(1999) 부군당굿에는 구의원뿐
만 아니라 신길 2 동 통장들과 단체장들도 함께 하였다. 지역
유지들로 보이는 사람들이 심심치 않게 들러 음식과 막걸리를
주고받는 모습은 굿판을 좀더 풍성하게 만들고 있었다. 통장
들만의 모임인 통친회 회장 등 몇 사람은 구의원과 함께 아침
부터 자리를 지키며 손님접대며 굿의 진행에 힘을 보탰다.

　지역 정치인들이 서울지역의 마을굿에 관심을 갖고 적극 참

방아곳지부군당
전경. 1999년에
새로수리한모습
이다.

부군할아버지부
군할머니

석하는 모습은 지방자치시대를 맞아 두드러지게 나타나는 현
상이다. 특히, 구의회 의원들의 관심과 움직임이 주목된다. 당
의 보존과 치성에 평소 관심을 갖던 지역 유지가 의원이 되어
무게감을 갖고 참석하는 동네도 보이고, 의원이 되고 난 다음
부군당에 관심을 갖는 의원들도 보이며, 적극적이지 않은 의
원이라 할지라도 잠시라도 얼굴을 내밀고 가는 동네도 많아졌
다. 따라서 동장들의 참석은 거의 대부분 이뤄지고 있으며, 동
사무소도 그 실태와 개최여부를 대부분 잘 파악하고 있다. 유

교식으로 치성을 드리는 동네의 경우, 동장이 초헌관이나 아헌관으로 직접 참여하는 모습이 정착해가는 추세다. 전통문화가 갖는 가치에 대해 축적된 그간의 사회인식, 민주화가 가져다 준 지방자치시대라는 시대 분위기는 근근히 이어지던 마을굿의 전승에 긍정적으로 작용한다고 판단되어 일면 반갑기도 하다. 표를 의식한 정치감각이 너무 앞서거나 일회적인 요란함으로 그칠 우려가 불식될 수만 있다면, 서울 마을굿의 전승력에 크게 힘이 될 모습임에는 분명하다. 그러나 그 결과는 더 지켜봐야 할 것이다.

주택가 한 가운데에 위치한 방아곶지 부군당은 사람들이 통행해야 하는 골목길에 굿상을 차려야 한다. 그리고 굿하는 소리가 하루 종일 울려퍼지게 되어 소음이 될 소지도 안고 있다. 이날 굿이 한참 진행되고 있을 때 바로 옆 연립주택에서 찬송가 소리가 울려퍼졌다. 굿소리에 대한 강한 거부감의 표출이었다. 가정용 오디오 출력을 최대로 높인 듯한 찬송가 소리는 일순 굿판에 찬물을 끼얹어버렸다. 항상 피해의식에서 젖어 살아온 노만신들은 굿을 계속하지 못하고 노인당으로 몸을 피했고, 판은 웅성거리기 시작했다. 이들 몇몇 남정네들이 나서 찬송가를 튼 사람을 설득하고서야 판은 다시 움직일 수 있었다. 그 굿판에 모인 사람들의 대다수 견해는 "왜 각각의 종교 행위를 서로 존중할 줄 모를까"라는 안타까움의 주고 받음이었다.

마을 대표자 행세를 하던 구의원이 꼭 보고 싶어하는 물건이 있었다. 술주정에 가까운 성화에 못 이겨 모습을 드러낸 물건은 다름아닌 나무로 깎은 남근이었다. 보자기로 고이 싸고 다시 흰 한지로 싼 남근은 총 4개였는데 1개는 어린아이 것처럼 작고 3개는 어른 것처럼 컸다. 이 남근은 외부공개가 전혀 금지되던 성물이었다. 치성을 드리는 날만 바깥바람을 쐬지만 보자기로 싸인 상태로 놀리게 되지 그 실체를 드러내진 않았는데 그날은 구의원의 성화에 못 이겨 모습을 드러내고야 말았다. 방아곳지 부군당 치성에서는 반드시 이 남근을 놀려줘야 한다고 한다. 그렇지 않으면 동네에 바람나는 여자가 꼭 생긴다는 속신이 있다.

『증보문헌비고』에 보면 부군당에 대한 내용이 나온다. 그 기록에 의할 것 같으면 "도하(都下) 각 관부에 의례 작은 사우(祠宇)를 두고 여러 가지 지전(紙錢) 등을 걸어놓고 부군이라 하여 제사지낸다." 또 "중종 때에 부근(付根)이라 하여 사방 벽에 남자 성기 모양의 나무를 깎은 것을 걸어 놓고 한 번 비는 비용이 수백 금이 드는 폐단이 생기자 모두 없애버렸으나 헌종 때에 다시 성행했다"고 전한다. 위의 기록에 나오는 나무남근의 구체적인 사례를 신길2동 방아곳지 부군당에서 확인하는 순간이기도 했다.

방아곳지의 내력과 부군당

이 마을은, 한강 어귀에 있어 흰 모래사장과 소나무 · 등나무가 무성해 경치가 빼어났으며, 학이 놀다가는 곳이라 하여 '방학동'이라고도 하고, 귀신바위(샛강가에 있던 바위. 여기에서 놀던 사람들이 많이 빠져 죽어 귀신 붙은 바위라고 여겼다.) 근처에 '방학정'이라는 정자가 있었다 하여 '방학고지'라 불리었다는 설도 있으며, 성 안으로 실어가는 곡식을 빻는 방앗간이 있다 하여 '방아고지(밤고지)'라 불리었다고도 하는 동네다.

방아곳지 부군당은 당산 부군당과 영등포 상산부군당과 함께 신령님들이 3형제간이라는 이야기가 전해올 정도로 영등포에서는 주요한 당들이다. 현재 방아곳지 부군당은 신길2동 37번지에 있다. 영등포여고에서 20m쯤 떨어진 주택가 안에 자리하는데, 노인당과 폭 1m정도의 골목길을 사이에 두고 서로 마주보는 상태다. 치성을 드리게 되면 노인당 건물이 화주청이 되는 등 준비와 진행에 큰 역할을 한다. 당이 생긴 역사는 300여 년으로 추정한다. 구전

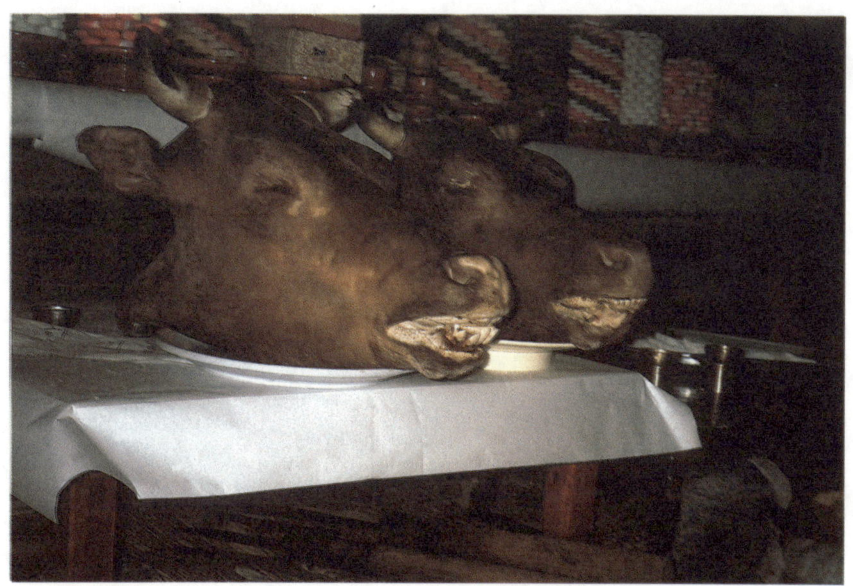

부군님께올린소
머리(1999)

에 의하면 옛날 윤정승이 물난리로 물에 빠져 정신을 잃었을 때 잉어가 나타나 등에 태워 방아고지 기슭의 모래밭에 내려주어 살아났는데, 윤정승이 이 은덕을 기리기 위해 당을 지어 치성을 드리기 시작하였다는 것이다. 그 후 그 후손들 중심으로 마을의 안녕과 복락을 위해 근세까지 치성을 드려왔다고 한다.

그간 신길 1·2·3통 사람들이 방아곳지 부군당 대동치성을 모셔왔다. 추렴비에 손을 댄 동네의 남정네 두 분이 부군님의 벌전을 받는 등 불상사가 생긴 이후로 동네의 김종순 할머니와 단골만신인 이북 할머니가 중심이 되어 쌀 한 됫박씩 시주받아 소박하나마 지극정성으로 받든 결과다. 그러다가 1995년부터 변화가 생겼다. 신길2동 관내 각 관공서나 단체가 음직이기 시작하면서 공문을 돌려가며 신길2동 전체 잔치로 확대시켜 나간 것이다. 대동치성을 드리려면 부군당 마당에 굿상을 차려야 하는데 마당이 바로 동네 골목길과 같이 쓰게 되

뒷전상

어 있고, 바닥이 평평하지가 않아 상차림이나 춤추기가 불편
하였다. 그래서 동장에게 보도블록을 깔아달라 부탁한 것이
계기가 되어 관심이 확대되기 시작하였다. 그 이후 정월 대보
름 동네 척사대회의 잔여운영비를 희사받는 등 매년 여기저기
관내 기관이나 단체의 후원을 받아 제기 구입 등 물품을 교체
해 나가다 마침내, 1999년 부군당 수리시에는 16개 단체가
30만원씩 후원을 하는 전체 행사로 확대 정착해 갔다.

당집은 6·25동란 때 대부분 파손되었던 것을 전쟁이 끝나
고 주민들이 다시 보수하여 지금에 이른다. 당 건물의 상량문
에는 단기 4286년(서기 1953년) 음력 9월 8일 오시(午時)
에 상량하였다는 기록이 보인다. 2칸 한옥으로 전면에 쌍태극
이 그려져 있다. 1999년에 신길 2동 16개단체 기관장들의
성금과 전 새마을금고 이사장 아들의 성금, 그리고 구청의 일
부 보조 등으로 800여만원의 예산을 확보하여 보수를 하고

당뒤뜰에놓은터
줏대감시루

단청을 새롭게 하였다.

　받드는 신령은 부군할아버지와 부군할머니를 주신으로 하여 총11분이다. 당 중앙에는 부군님 내외를 중심으로 좌측으로 군웅할머니와 삼불성님을, 우측에는 유씨 부인을 모신다. 우측 벽면에는 산신할머니·할아버지, 부군대감, 맹인할아버지를 모시고 좌측 벽면에는 대신할머니를 중심으로 백마장군과 청마장군이 계신다. 그런데 80년대에 청마장군 화분을 도난당하였다.

치성은 일 년에 3회 지낸다. 음력 4월 1일, 7월 1일, 그리고 10월초에 택일한다. 소머리로 사슬을 세울 때 당주할 만한 사람들의 이름을 여럿 부른 후에 치성을 다 올려준다. 그리고 빨간 옷과 모자, 흰 기를 들고 동네를 한 바퀴 돈 만신이 직접 집으로 들어가서 옥수를 큰 그릇에 떠 놓고 한 거리 하면, 그 집 주인이 일 년 동안 당주를 맡게 된다. 그리고 뒷일을 봐주는 잡화를 두 세 명 결정한다. 잡화로 수고한 사람들에게는 치성 후 소족을 주는 것이 관례다.

4월과 7월에는 2~3명의 만신만 참가하여 간단하게 고사 치성을 드리지만, 10월에는 10여 명의 만신이 참가하는 대동 굿이다. 10월 대동굿은 음력 9월 25일경 대동계에서 초순으로 택일한다. 택일이 되면 금줄을 치고 쌀을 걷는 등 추렴에 들어간다. 굿날이 되면 당주집에서 부정풀이를 하고서야 부군당

방아곳지부군당에고이모시는나무남근

에 와 부정풀이를 할 수 있다.

대동굿은 먼저 부군도량을 도는 것으로 시작한다. 그리고 부군님 공수를 받는다. 이어서 웃대 단골만신 등 조상 대신부인들을 모셔 놀려드리고 공수를 받는다. 대감을 놀고 나면 동네사람들을 무감세워 놀린다. 그리고 중요한 절차로서 동네의 액을 쫓아내는 군웅활쏘기를 반드시 해야 하며, 남근의 목을 쥐고 놀리는 '장가보내기'를 꼭 해야 한다. 소지는 당 외부 우측 벽에 붙여 놓았다가 나중에 올려준다. 굿이 끝나면 남근은 한지에 잘 싸서 활과 함께 당에 다시 잘 모셔둔다.

당주로 결정되면 비린 것도 먹지 못하고 초상집 문상도 금한다. 1989년 불경스럽게 행동한 잡화 한 명이 벌을 받아 노인정에서 갑자기 사망한 일도 있었다. 경비가 부족하여 소족을 두 개밖에 준비하지 못해 사람에게는 줄 수 없는 상황이 생겼는데, 받지 못한 노인이 굿상을 발로 차고 난동을 부린 일이 있어 그 벌을 받은 것으로 보고 있다. 이밖에도 부군님의 영험함을 체험케 하는 사건들은 계속 일어나고 있다. 2000년 대동치성시 준비과정에 분란이 생기고 상가에 갔던 사람들이 당에 들어가는 등 부정한 일들이 많았는데, 그 후 부군당 옆집에서 불이 나기도 하였으며, 부근당 근처 가정집 마당에 있는 오래된 은행나무의 가지를 치던 사람이 가지가 부러지면서 떨어져 부러진 나뭇가지에 가슴을 찔려 그 자리에서 즉사하는 사건이 2001년2월에 발생하기도 하였다. 이런 불상사들이 발생하는 것은 원래 외부에 사진촬영도 금하는 등 공개를 꺼리며 잡인의 손탐을 경계하던 금기가 무너진 결과라고 노만신들과 일부 마을사람들은 믿고 있다. 특히 2000년10월의 부정스러웠던 대동치성이 그런 결과를 야기시킨 주원인이라 보고 있다.

1999년의 경우 치성금을 낸 가정이 100여 집으로 1·2·3통 지역에서 반 정도 참가하였고, 나머지 지역에서 반 동참하였다. 여전히 1·2·3통 지역은 쌀로 치성금을 내는 경우가 많으며, 돈으로 내더라도 만원을 넘는 경우가 거의 없을 정도로 예전의 정서와 정성이 그대로 유지되고 있다.

고사치성 후 반기를 돌리기 위해 한지에 싼 음식을 들고 부군당을 나서는 모습.좌측편이 김종순 할머니(2001)

지킴이

지금까지 방아곳지 부군당과 년 3회의 대동치성을 거르지 않고 성심 성의껏 모셔온 인물들로 김종순 할머니와 단골만신인 이북 할머니를 빼놓을 수 없다. 김종순 할머니는 신길 2동에서 태어나 옆집에 시집가서 80살이 되도록 살아오신 분으로, 공양주 역할을 하면서 매년 추렴을 걷어다 제물을 마련하여 상차림과 동네사람 대접을 주도해온 분이다. 어렸을 때부터 보고 자란 대동치성을 나이가 들어 자연스럽게 받들게 되었다고 한다.

단골만신인 이북 할머니는 '신길동 보살만신 할머니'라고도 불리는데 진남포가 고향인 실향민이다. 19살에 신이 실려 무당이 되었으며, 8·15해방 후 서울에 내려와 신길동에 자리잡았다. 그때가 26살이었다. 신길동에 살면서 36살에 본격적으로 무업에 뛰어들게 된다. 신길동 방아곳지 부군당의 단골만신이었던 '검정치마 만신'이 이북 할머니의 신어머니였기 때문에 자연스럽게 방아곳지 부군당과 인연을 맺게 되었으며, 마침내 방아곳지 부군당 치성시 소머리사슬을 세우는 삼지창을 검정치마 만신으로부터 물려받음으로써 법통을 이어받아 방아곳지 부군당의 치성의례를 지금까지 주도해올 수 있었다. 대동굿을 하게 되면 이북 할머니의 신제자들과 동료들이 많이 참석하여 굿을 같이 이끌어 간다. 두 분이 연로하였음에도 불구하고 신심과 정성에는 변함이 없다.

그리고 이 어른들을 모시고 뒷일을 하며 방아곳지 부군당에 정성을 기울이는 또 다른 젊은 여자가 있다. 부산이 고향인 주시문이라는 사람으로 1980년에 신길동에 들어와 정착하였다.

초등학교 6학년부터 신기가 있었고, 1988년 우연히 방아곳지를 찾은 날, 마침 대동굿을 하고 있었고, 무감을 서게 된 것이 계기가 되어 이북 할머니 등 어른들과 인연을 맺었다. 이후 부군당 관리 등 부군당 일에 관계하기 시작하였으며, 동장이나 유관기관의 협조를 받아내 제기구입, 당수리 등을 이끌어내는데 역할을 하였다. 새롭게 수리하고 단청한 부군당의 관리에 노심초사하는데 평소에 부군당을 찾는 만신들의 지각없는 행동들 때문이라고 한다. 여름에는 함부로 버린 돼지머리에 구더기가 끓고 있기도 하고, 당집 벽면에 마구 뿌리는 만신들의 막걸리와 동네 아이들의 낙서로 인한 단청의 훼손도 걱정거리다.

　방아곳지 부군당을 찾는 단골 주민들은 다른 마을로 이사를 가더라도 대를 이어 정성을 보이는 경우가 많다. 최두희씨는 어머니의 정성을 이어받아 매년 산자, 약과, 옥춘, 밤, 다식, 국화를 책임지고 시주해왔으며, 영화호텔 대표는 해마다 소머리를 올리는데 거동이 불편해도 아들 며느리와 함께 빠지지 않고 참석한다. 이 집은 당산동 부군당 치성에도 반드시 참석하는 집안이다. 상산 부군당의 당주인 조동천옹도 모친의 고향이란 연고로 인해 딸과 함께 방아곳지 부군당을 찾고 있다.

　현재 방아곳지에는 보존회와 같은 모임이 결성되어 있지 않다. 김종순 할머니와 이북 할머니를 중심으로 자연스럽게 전승력을 보여왔다. 이분들이 연로하며, 여자들이라는 점, 5년전부터 신길2동 전체의 잔치로 확대되었다는 여건 변화가 방아곳지 부군당 대동치성의 성격에 변화를 야기시킬 가능성이 커져 무척 염려되는 동네이다. 2000년 대동치성에 위의 대표적인 단골들이 불참하거나, 부정적인 평가를 내리는 등 그 불길한 조짐이 이미 나타났기 때문이다.

목적		마을의 안녕과 풍요				
당	이름	방아곳지 부군당	형태	대지: 100여 평 당: 2평,	주소	서울특별시 영등포구 신길2동 37
	제신	부군할아버지, 부군할머니, 유씨부인, 군웅할머니, 삼불성님, 삼신할아버지, 삼신할머니, 부군대감, 맹인할아버지, 백마장군, 청마장군				
치성형태		대동굿과 고사			날짜	음력 4월1일, 7월1일, 10월3일 (연3회)
전승주체	단체	없음				
	대표	김종순(80, 여) 이북 할머니(81, 여)			주소	영등포구 신길2동 48-5 ☎842-3372 영등포구 신길1동 ☎842-3547
당주	이름	없음	성별		주소	
단골만신		이북 할머니	나이	여, 81	주소	영등포구 신길1동 ☎842-3547

신길 3동(신기리) 도당

기념으로 당을 배경삼아 촬영을 하자는 제의에 참석자들이
당 입구를 가로막고 골목길에 죽 늘어섰다. 광각렌즈로 잡아
야 할 정도로 사람이 많았다. "기념촬영은 뭘, 귀찮게스리"
라 생각한 주민들이 한무더기 빠졌는데도 그랬다. 분명 당집
안에 앉아서 그날 풍성한 제물을 드신 도당할머니는 그 음식의
풍성함보다 나름대로들 자신감까지 배인 중후한 장년들로 성

신기리 도당 전경

신기리 도당할아
버지와 도당할머
니

장하여 당집 앞에서 굵직굵직하게 죽 늘어선 귀여운 자손들 모습에 더한 든든함을 느끼셨을 것이다. "앞으로도 항상 저렇게 웅성웅성 모여 오순도순 잘 살아가야 할텐데…"

치성 지낼 시간이 가까워지자 한 사람 두 사람 당으로 모여들기 시작하였다. 미리 와 이것 저것 궁금한 것을 물어보기 위해 이집 저집을 기웃거렸을 때, 영등포 예식장에서 성남에서 제각기 볼일들을 보고 있다는 목소리만 핸드폰으로 들려주던 아저씨들이 치성드릴 시간이 다가오자 얼굴들을 확인시켜 주었다. 휴일이었음에도 불구하고 도당제는 빠질 수 없는 일이었다. 선후배들이 모이는 동창 모임장소라면 쉽게 볼 수 있는 수인사의 손놀림들이 시간이 가까워질수록 더욱 바빠졌다. 선배들은 도당울타리 안으로 성큼 들어서고, 후배뻘 되는 사람들은 담 밖 골목길에서 삼삼오오 어울려 간만의 만남을 반겨하면서 말이다.

2000년 음력 10월3일 신기리 도당 울타리 안의 대화는 단연 당집의 보수에 대한 의견나눔이었다. 2평 남짓한 당집의 벽체는 붉은 벽돌이다. 문제는 너무 오래되어 벽돌이 만지면 푸석푸석 부서진다는 것이다. 6·25때 생겼다는 소총탄알 자국이 그대로 남아 있는 벽돌들은 세월이 묻어 있었다. 이제 그 수명을 다한 벽체를 어떻게 치료할 것인가에 대한 의견들이었다. 그 벽체를 그대로 두고 밖으로 한 겹 입혀 새로 쌓자는 의견과 허물어내고 쌓자는 의견 중 거의 전자의 방식으로 결론이 나 있는 것 같았다. 본래의 역사적 유물도 보존하면서 보수의 효과도 얻게 되는 방법일 것이다.

도림초등학교와 담벽을 함께 쓰고 있는 도당터에는 술을 올리는 신목이 한 그루 있다. 그러나 이미 고사하여 휑한 몰골을 드러낸 상태다. 그 신목의 해체에 대해서도 이야기들이 나오기 시작하자 "함부로 손대서도 안 될 뿐만 아니라 구청에서 나와 살펴본 결과는 덩치가 너무 커 해체하는데 주위에 위험이 생길 수 있어 그대로 두기로 결정하였다"는 경과 보고도 자연스럽게 이뤄졌다.

10미터 정도 떨어진 동사무소 지하 회의실이 제물준비 장소였다. 오래 전부터 신기리 도당제를 주관해온 '신기향우회' 임원진의 부인들이 수고하고 있었다. 동사무소의 적극적인 편의제공과 관심이 눈에 띄는 대목이기도 했다. 도가를 정해 금줄을 치고 경건하게 제물을 준비하던 전통을 버리고 공공성이 있는 장소에서 여럿이 준비하는 모습을 보면서 감회가 단순하지는 않았다. 바쁘고 정신 사나운 도시생활 속에서 도당에 대한 신심이 희석되는 것 같아 섭섭한 마음도 생기지만, 전국에서 모여든 8도 사람들이 뒤섞여 사는 대도시 마을굿의 장래를 생각해 본다면 어쩔 수 없는 변화일지도 모른다. 아니, 생각하기에 따라서는 긍정적인 변화양상으로 봐야할지도 모르겠다.

생산의 토대도 다양하고 신앙의 문제도 복잡한 세상이다. 고향의식을 갖는 공동체 형성이 근본적으로 뒤흔들리는 주민구성인데 단일한 생산토대와 소수(100여 가구 전후)의 인간관계를 기반으로 하여 이뤄졌던 부군당·산신당·도당치성이 전승력을 갖는다는 것은 기적에 가까울 수 있다. 대동굿이 제

치성날도당집앞
에서반갑게만나
고있는신기리향
우회원들

공하는 마을의 결속과 대동축제의 가치를 그대로 견지하면서
도 다양하고 복잡한 서울사람들을 수렴시키기 위해서는 뭔가
방법상의 변화가 필연적일 수밖에 없다. 적극적으로 그 방안
을 모색해야 할 때이기도 하다. 그런 현실인식을 갖고 본다면
마을 단위의 행사에서 동사무소의 움직임은 중요할 수밖에 없
다. 주도하는 주체로서의 관이 아니라 민간의 자생적인 행사
를 공간·홍보·재정적인 측면에서 지원만 한다면 바람직한
대한민국 서울살이의 아름다운 전형(문화)이 창출될 수 있을
것이다. 동네마다의 역사와 특성이 최대한 발현되면서 말이
다. 마을 대동치성은 그런 전통과 내용을 갖고 있기 때문이다.
　최근 서울의 마을굿들을 돌아보면서 서서히 나타나기 시작
한 현상이기도 한 동사무소의 움직임은 지방자치시대가 가져
다 준 선물이기도 하지만, 신기향우회가 나름대로 신길3동에
서 차지하는 비중과 정치력에 힘입은 바도 큰 것 같았다. 치성

의례가 다 끝나고 참석자들과 동네사람들의 음복이 동사무소 지하식당에서
이뤄질 때, 자신의 동네에 관심을 갖고 찾아온 답사팀들을 적절히 분담하여
접대하면서 지속적인 관심과 대외 홍보를 부탁하는 모습에서 유추되는 대목
이기도 했다.

신기리의 역사와 대동치성

　행정적으로 신길3동인 이 지역은 신기리(행정적으로는 시흥군 하북면 '신
길리'였으나 주민들은 '신기리'라 한다)라고 불리던 곳이다. 도당과 동사
무소가 있는 주변인데 예전에는 신기리 들녘 가운데로 십자형의 강이 흘렀다.
지금은 물길이 막혀 건물들이 들어섰지만 한강의 지류로서 김포 · 인천 · 강
화와 뱃길이 연결되는 물길이기도 했다. 이 십자강으로 인천 · 강화 등 황해바
다의 생선배들이 안양천을 따라 신기리까지 들어와 교역이 활발하게 이뤄졌
다. 뱃길뿐만 아니라 농토도 무척 넓었다. 논농사도 많았고 밭농사도 많았다.
일제시대에는 일본사람들이 들어와 포도과수원을 크게 하기도 하였다.

　신기리는 새말 · 아랫말 · 윗말이 산재해 있었는데 모두(200-300여호)
현재의 도당에 모여 매년 음력 10월 3일 대동치성을 올렸다. 십시일반으로
쌀과 돈을 모아 도당치성을 지내고 몇 가마씩 떡을 해서 나눠먹곤 하였다. 부
둣가 언덕에는 오래된 굴참나무가 서낭당이 되어 뱃사람들의 무사항해와 풍
어를 비는 기원처가 되기도 하였다. 입항을 하거나 출항할 때에는 반드시 도
당에 와서 고사를 지냈다고 한다.

　고구려 장수왕 때 큰 폭동이 발생, 인명피해와 기물파손이 극심해 어선의 무
사운행과 풍어와 마을의 안녕을 기원하기 위해 주민들이 포구 언덕 위 고목인
소나무(굴참나무)에 당제를 시작하였다는 기원설이 전한다. 1591년에 그
소나무가 갑자기 쓰러져 주민들이 불안에 떨었는데 그 1년 후에 임진왜란이
일어났다는 말이 전해온다. 신기리 주민들은 소나무가 있던 그 자리에 도당을
짓고 도당할아버지와 도당할머니를 모셔 마을의 평안과 국태민안을 기원하

고사한 신목.비록 고사하였지만 뽑아버리는 대신 고사떡에 막걸리를 올리며 분향재배 하였다.

는 도당치성을 정월, 칠월, 시월 세 차례에 걸쳐 올렸다. 일설에는 도당을 지어 산신을 모신 것은 약 380여 년 전부터라는 말도 전한다.

지금의 도당은 2평 정도의 1칸 한옥으로 상량문에는 단기4279(서기 1946)년에 상량한 것으로 적혀 있다. 원래 당집은 6·25 전란 때 소실되어 새로 건립된 것이다. 그 4년 후에 이 마을의 박용문씨가 도당이 한강물에 잠기는 꿈을 꾸고 50여만 원의 자비를 들여 새로 단장하게 된다. 30평의 터 중앙에 앉아 있는데 상당

당주가되어 초헌을 하고 있는 박상호 신기리향우회장 내외. 신기리 도당치성은 당주 내외가 함께 제주가 된다.

히 큰 느티나무들이 당집을 에워싸고 있다. 본래 도당터는 지금 넓이의 배가 넘었다고 한다. 그러던 것이 도로 확장공사로 인해 현재의 크기로 축소되었다.

시유지와 국유지(문교부)가 반반이던 도당터를 바로 옆 도림초등학교용으로 서울시 교육위원회에서 수용하려 시도한 적도 있었다. 신기향우회에서 이를 방치할 수가 없어 중앙대학교 민속관계 학자와 언론에 진정하는 등 여론을 환기하는 한

편, 문화재 지정을 추진하는 것으로 대응하였다. 문화재 지정은 실패한 대신 영등포구의 대표적인 마을치성 4군데가 모임을 결성하게 되는 등 노력의 성과가 있어 도당 철거는 막을 수 있었다. 그 후 무단점유 사용료 세금이 나오고 있으나 거부하는 상태다. 지금도 도당터가 도시계획선에 걸려 있어 시행될 경우 도당 건물의 한쪽 처마가 잘려나가게 되어 있는 형편이기도 하다. 주민들은 현재 잠잠한 상태이지만 언제 다시 문제가 될지 불안한 상태라고 한다.

도당 관리는 신기향우회 총무가 맡아 한 달에 2-3회 정도 청소를 한다. 만신이나 신앙을 가진 사람들에게 도당을 개방하지 않기 때문에 도당 입구에서 치성을 드리고 돼지머리나 막걸리, 그리고 사탕을 뿌려놓는 경우가 많아 자주 청소해야 한다.

건물은 보수가 여러번 이뤄졌지만 자리는 옛날 그대로다. 안에 모시고 있는 신령은 도당할머니와 도당할아버지 두 분으로 한 화분에 함께 그려져 있다. 훼손이 심하여 1953년 새로 안치했던 것을 20년 전쯤 도난당하여 다시 조성한 것이다. 평소에는 두 겹으로 휘장을 쳐 가려놓으며 도당치성을 드릴 때만 개방한다.

일제시대에는 음력 정월 초3일과 칠월칠석날 두 번 치성을 드렸으나 현재는 음력 10월 초3일에 한 번만 드린다. 그 형식도 6·25 전까지는 굿을 하던 방식에서 그 이후로는 유교식 당제 형식으로 바뀌었다. 치성의 중추적인 역할 담당자는 당주로서 옛날에는 생기복덕을 가려 매해 선출하였으나 근세에는 동네의 유지 중에서 희망하는 사람이 자청하여 담당하는 식으로 바뀌어 매년 돌아가며 하게 되었다. 이마저도 노인들이 작고하고 타지로 많이 이사를 하게 되면서 전승에 위협을 느낀 신기향우회에서는 80년대 중반부터 전면에 나서 치성의례를 주관하기 시작하였다.

당주로 선출되면 제물준비와 제주 역할을 하게 되는데 부부가 함께 한다. 부부관계를 금하고 매일 목욕재계를 하면서 정성을 모아야 한다. 부정을 막기 위해 먼저 당주집에서 제물을 준비하여 정성을 드리고 난 다음에 도당에서 도

차례로 참배하는 신기리 향우회원들. 좌우에 시립하여 집사 역할을 하는 사람은 박명직(좌) 축관과
김준식(우) 집사

축문사르기

당치성에 들어간다. 당주집 정성의 제물은 삼색실과와 떡만 간단히 올린다. 도당치성은 해가 지기 전에 모신다. 제물은 돼지머리를 젯상에 올리는 것 이외에는 가정의 기제사와 차이가 없다. 당주부부가 제주가 되어 집사의 조력을 받아 축관과 함께 거행한다.

현재는 신기향우회가 한 달 전 정기모임에서 도당제에 대한 제반 사항을 결정한다. 당주는 대개 향우회장 부부가 맡는다. 축관은 한 사람이 10년 넘게 자진하여 수고하고 있다. 경비는 주민들로부터 치성금을 걷지 않고 자체 기금에서 충당한다. 제물은 당일 동사무소에서 준비하며, 분향재배, 초헌, 독축의 순으로 진행한다. 제관들의 치성이 끝나면 철상을 하지 않고 희망하는 주민들의 참배를 1~2시간 동안 계속 받는다. 이때 여자들도 참가할 수 있다. 근년에 구청으로부터 지원금이 나오는데 매년 일정하지 않다. 치성음식보다 참석자와 동네사람

들이 함께 먹는 저녁식사 비용이 만만치 않아 빠듯한 예산운영
을 하는 상황이다.

〈지킴이〉

16년 전부터 신기향우회가 신기리 도당제를 담당하고 있
다. 신기리 출신의 40-60대 남자들로 구성된 이 모임은 현재
회원이 38명이다. 동네에 살고 있는 사람과 외지에 나가 사는
사람의 비율이 6:4 정도다. 사무실을 마련하여 매달 10일 정
기모임을 갖고 있는데 현재 회비가 만 원이다. 10년 전만 하더
라도 회비가 오천 원이었다. 치성날은 타지에 사는 회원들 상
당수가 참여하고 있다. 대대적으로 홍보를 하면 주민들의 호
응이 있겠지만 굳이 그렇게 하지 않는다고 한다.

도당과 치성을 없애거나 중단할 수 없어 나선 것이며, 행정
적으로 도당을 지키기 위해 전력투구하는 중이다. 회장은 박

기념으로 찰칵.
2000년 도당치성
에 참여한 신기리
향우회원들

상호(66)이며, 권오성이 13년째 총무를 맡고 있다. 권총무는 47년간 신길3동에 살고 있는 주민이다. 10년 넘게 축관을 하고 있는 박명직(55)은 훈장 출신의 축관 어르신이 작고하고 난 다음에 이어받았다. "축문을 읽을 수 있는 사람으로 자진해서 나서보라"는 형님들의 제안에 스스로 나서서 축관이 되었다고 한다. 이제는 당제일이 가까워지면 신경이 쓰이게 되고, 수일 전부터 목욕재계를 하며 정성을 모은다고 한다. 2000년 당제일에 집사를 본 김춘식(74) 노인은 9대째 살아온 토박이로 "나뿐만 아니라 우리 동네가 다 잘되야 하니까, 동네에 도당할머니. 할아버지가 계시니까, 일 년에 한 번이라도 정성을 드리면 잘 보살펴 주시겠지." 하는 마음으로 참석하고 있다는 소감이었다.

제보자 : 박상호(남, 66) / 2000.10.29 대담
조사 및 참관 : 2000년 10월 29일(음력 3.1) 도당제

목적	마을의 안녕과 풍요					
당	이름	도당	형태	대지: 20여 평 당: 2평	주소	서울특별시 영등포구 신길3동 285
	제신	도당할머니, 도당할아버지				
치성형태	유교식 고사				날짜	음력 10월3일 (연1회)
전승주체	단체	신기향우회				
	대표	박상호(남, 66)			주소	서울특별시 영등포구 신길3동 278-1 ☎843-0196
당주	이름	향우회장			주소	상동
단골만신		없음			주소	

영등포 상산부군당

구면이어서인지 맞이하는 분위기가 아주 따뜻하다. 이곳 상산전(부군당) 치성고사 현장에서의 만남이 벌써 두번째. 여전히 카메라의 횡포(?)에 대해서만은 단호하다. 따뜻한 분위기라고 마음을 놓을 수 없다. 당 안의 물건들을 함부로 만지거나 조금이라도 불손하다고 생각되면 가차없이 제재가 들어오기 때문이다. 상산전의 부군님과 군웅님에 대한 경외감이 과장되어 보이진 않는다. 신을 모신 지 꽤 됐다고 하는데도 낯가림은 심하다. 성격인지 아직 젊어서인지 신의 세계에 대한 신실함 때문인지 모르지만… 그 모두 다일 것이다. 대하기가 불편하기는 하지만 속으로는 "암 그래야지. 자

부군당치성을준비하기위해집과부군당사이를자전거로바삐왕래하는 조동천(80) 당주.

신의 가치는 자신이 지켜야지"라 박수를 보내게 된다.

1999년 음력 7월 초하루 처음 만났을 땐 말붙이기도 힘들었다. 함께 간 일행은 카메라를 들이댔다가 된통 혼이 났다. 그러나 곧 마음을 풀었다. 찍게 해달라고 사정하는 모습에 마음이 약해진 것이다. 얼굴을 찍지 않는다는 조건으로 허락을 하고, 허락을 하고도 수건을 뒤집어 써 얼굴을 가리고, 담벼락에 몸을 숨기는 불편을 감수하면서도 과일도 주고, 덥다고 물도 주고, 다 끝나고 하직 인사할 때는 떡을 많이 싸주려고 애를 쓰고! 극도의 경계심으로 움츠러진 마음과 행동. 그러나 그 속에는 정말 따뜻한 인정과 마음 씀씀이가 담겨 있다. 일단 마음을 열게 되면 봇물 터지듯 그 정이 쏟아져 나온다. 무녀나 단골들을 만날 때면 자주 느끼는 반응들이다. 요즘 젊은 만신들에게서는 찾아보기 힘든 모습들이 돼 가지만 말이다.

이 40대 후반의 곱게 생긴 무녀의 이름과 인적사항은 알 수 없다. 물어봐야겠다는 생각마저 유보해야 할 그런 분위기였으니 말이다. 한 가지 분명한 것은 상산전을 지키고 있는 조동천(81) 당주의 친딸이라는 사실만 확인할 수 있었다. 대신 세번째 만남에서는 자신의 신당을 공개했다. 손님에게 점심을 대접하기 위해서였다. 신당은 여느 신당과 좀 달랐다. 화분(무신도) 한 장 걸려 있지 않았다. 향도 피우지 않았고 신당이라고 할 공간도 보이지 않았다. 대신 밥을 먹던 거실이 신당이라면 신당이었다. 거실 한쪽 벽면에 걸려 있는 십자가 위의 예수님이 자신이 받들어 모시는 신령님이시란다. 그게 전부였다. 그런데도 상산전에 보이는 그 신심과 정성은 화려한 신당을 차려놓고 손님을 받는 여느 만신들 못지않았다.

첫 만남 이후 2000년 정월 초이틀 창전동 밤섬부군당 대동굿 현장에서 다시 만났다. 아버지와 함께였다. 상산전 고사치성을 드릴 때 뒷일을 보아주던 아주머니들도 보였다. 아버지의 고향은 밤섬이다. 그래서 아버지는 매년 밤섬부군당 치성에도 참가한다. 신의 길을 가고 있으며 상산전의 관리와 치성을 책임지고 수행하는 딸도 아버지와 함께 고향의 부군당 대동굿을 찾은 것이다.

대동고사치성을 위해 굄질해 놓은 상산전의 내부 전경(1999)

부군할아버지와
부군할머니

식사시간에 구면이라며 먹거리를 챙기겠다는 마음 씀씀이가
정겹다. "신령님도 사람 있고 신령님이니까 우선 사람이 잘
먹어야" 한단다. "그래야 잘 받들어 모실 수 있다"는 것이
다. 자주 만신들로부터 듣는 말이고 논리이기도 하다. 아니 굿
의 세계관이기도 하다.

조동천 당주와 그 딸이 현재 영등포 상산전을 지켜 나가는
주역이다. 치성 현장에는 마을사람들이 거의 보이지 않는다.
치성금은 20-30명 내고 있으나 상산전까지 직접 발걸음하
는 모습은 아주 귀해 보였다. 상산전 담벼락을 함께 쓸 정도로
다닥다닥 붙어 사는 주민들이 참석할 것도 같은데 적막하다.
그럼에도 불구하고 부녀는 제물 장만하여 정성껏 차려 올린 다
음, 한나절 동안 징소리 울리며 고사축원을 일 년에 두 번씩 올
리고 있다.

마을 대동치성은 마을사람들의 참석이 사라지면 당주 만신
이나 한 개인의 헌신적인 정성이 있어야 겨우 명맥이 유지된

다. 그마저도 그 지킴이들이 사라지면 그 동네의 당(부군당, 도당) 치성은 영원히 사라지는 패턴을 보인다. 서울의 경우 당주 만신들이 홀로 외롭게 당을 붙잡고 명맥을 이어가고 있는 마을이 몇 있다. 강서구 염창동과 옥수동 부군당이 대표적인 사례다. 영등포 상산전도 조만간 그 사례에 편재될 것 같은 예감이 든다. 그러나 그 명맥은 오래갈 것 같다. 당주의 딸이 아직 젊기 때문이다.

단밑에모셔놓은 토마주저리와마부

영등포 상산전의 유래

상산전을 부군당이라고도 한다. 당은 영등포3동 7가 156-1번지에 위치한다. 영등포 채소시장 근처의 주택가 안에 있다. 낡은 개량한옥 밀집지역 안에 있어 초행에는 찾기가 쉽지 않다. 당이 있던 곳은 옛날부터 제물포 수원 등지에서 마포 서강 그리고 여의도 샛강으로 가는 길목이었다. 배를 타러 포구로 가기 위해서는 고갯마루 위에 위치하였던 이 상산전을 지나

토마주저리의 모습

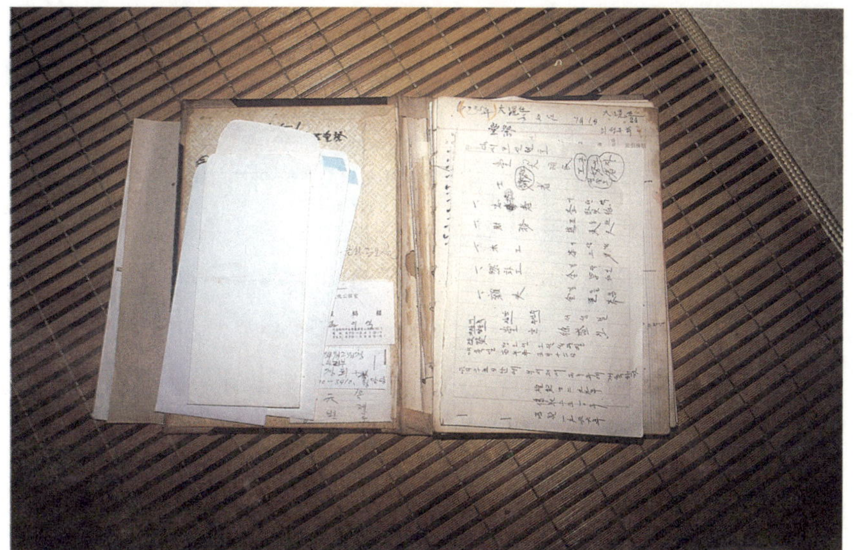

조동천당주가보 관중인역대 대동 치성 관계 서류. 당 건물 개축하고 난 후 첫 치성자 명단이다.

야 했다. 그래서 상산전은 서낭당 역할을 하였다. 나그네가 지나가면서 무사여행을 기원하기도 하고, 과거길의 선비가 급제를 빌던 곳이라고 전해진다.

언제부턴가 당을 세우고 대황(大滉)님이라 하여 부군님으로 섬겼다. 부군당의 원이름은 상산(上山)이었다. 1966년(병오)에 개축을 하고 난 다음부터 '전(殿)'자를 붙여 '상산전'이라 부르고 있다. 1925년 을축년 대홍수에 당집이 떠내려 가버려 높은 곳으로 옮겨 모셔야 했다. 6·25난리 중에 폭격과 피난민들의 훼손으로 옮겨온 당 건물이 파괴됐다. 여의도 비행장에 대한 폭격으로 영등포도 쑥밭이 되었으며, 피난민들이 강을 건너와 당 안에서 유숙하며 마룻장 등을 뜯어 불을 땠기 때문이다. 그 후로는 주저리(터줏가리)를 만들어 모셨다. 주저리는 3m 정도 높이로 아주 큰 규모였다. 주저리로 모시다 동네에 시끄러운 일들이 자주 생겨 당을 새로 짓게 되었다. 이 때 땅에서 토마가 나와 지금의 당에 60cm정도 높이의 작은 규모로 주저리를 만들고 그 안에 모시고 있다.

현재 당에 모시는 신령은 부군할아버지와 부군할머니 내외분이다. 3평 정도의 한 칸 한옥(개량한옥) 안에는 반 평 가량의 선반을 1m정도 높이로 만들어 제물과 옥수를 올린다. 그 위 정면 벽면에 부군할아버지와 부군할머니 양위 분이 모셔져 있다. 그리고 단 밑 마루에는 토마를 모신 주저리가 놓여 있다. 주저리 우측 벽에는 마부상이 걸려 있기도 하다. 주저리 옆으로는 근래에 신주로 만든 말과 소가 여러 마리 놓여 있다. 부군할아버지 내외분 높이로 좌우측 벽면에는 최근 만물상에서 구한 듯한 화분이 6분 걸려 있는데 칠성, 산신, 삼불제석, 오방신장 등이다. 대황님을 시봉할 신하들의 개념으로 근래에 조성하여 모신다고 한다. 평소에는 문을 잠가놓지만 우환이 있어 개인적으로 참배를 원할 경우 언제라도 열어준다.

이 상산전에도 일본군인 설화가 전해온다. 일본 군인이 말을 타고 상산전 앞을 지나다 말굽이 붙어버렸다. 결국 일본 군인은 말에서 내려 절을 하고서야 말이 움직여 지나갈 수 있었다는 내용이다.

상산 부군당의 주위 환경은 정리되어 있지 않다. 국유지이긴 하지만 당초 109평에 이르는 넓은 땅이었다. 어려운 사람들이 당 터에 와 살겠다는 것을 동네에서 허락하게 되면서 집들이 들어서게 된 것이, 지금은 당 앞 골목길만 남고 빙 둘러쌓을 정도로 조그마한 주택들이 다닥다닥 들어선 상태다. 폐품들이 당 입구에 쌓여 있는 등 산만하지만 2000년에 당 건물을 수리하고 페인트 칠을 하여 산뜻하다. 불럭담 안에 상산전이 있고 우측 담벽에 붙여 창고처럼 조그마한 공간을 만들어 물품들을 보관하고 있다. 원래 당건물에 붙어 있던 '상산'이라는 현판도 깨진 상태로 아직 보관중이다.

치성은 음력 7월 1일과 10월 1일 두 번 지낸다. 현재는 조당주의 딸이 무굿식으로 고사를 지내고 있으나 예전에는 굿을 하였다. 그러다 걸립금이 충분하게 추렴되면 무당을 불러 굿을 하고, 충분하지 않을 경우에는 동네 주민 중에서 제주를 뽑아 치성을 올렸다. 한참 성할 때는 약 400여 호가 동참하였으나 현재는 20호가 겨우 넘을 정도다. "옛날에는 밥 좀 먹고 권력 있는 사람들이 중심이 되었으나 이제는 그런 사람들이 다 교회로 가버리기 때문에 자꾸만 사그러지고 있다." 조당주가 나름대로 분석하는 쇠퇴원인이다. 당추렴금은 자기 정성껏 스스로 가져오는데 가져올 사람이 가져오지 않으면 당주가 방문하여 받아오기도 한다. 치성을 올리는 이유는 나라와 동네의 평안을 위해서다. 제물은 조동천 당주집에서 준비하여 굄질한다. 예전에는 해 떨어지는 시간에 맞춰 치성을 드렸으나 현재는 오전 10시경에 시작하여 오후 서너 시 경에 끝낸다. 제물 준비는 조당주의 딸 몫이다. 예전에는 반기를 했으며, 당마당에 애들에게 나눠줄 떡을 죽 깔아놓기도 했다.

지킴이

현재 상산 부군당을 유지하기 위한 조직은 없다. 당주인 조동천과 그의 딸이 중심이 되어 이어가고 있다. 전에는 당주를 돌아가면서 했었다. 그러다 1985년부터 조당주로 고정되어 버렸다.

조당주는 밤섬에서 태어났다. 어린 시절 여의도에서 살다 20대 후반에 영등포로 이주하여 50여 년 살고 있는 중이다. 동네에서 방앗간을 운영했다. 집안 족보를 자신이 개발한 방법에 따라 일일이 손으로 적어 보관할 정도로 꼼꼼하고 성실한 성격으로 그간의 치성금 명단과 지출장부를 보관중이다. 80이 넘은 고령임에도 불구하고 자전거를 타고 다닐 정도로 건강을 유지하며 활동력을 보이는 분이기도 하다. 고향인 밤섬부군당과 외가집이었던 방아곶지 부군당 치성에도 빠짐없이 참석하는 등 영등포 일대 부군당 치성에 헌식적으로 신심을 보인다.

젊었을 때는 교회를 다녔었다. 서양 선교사가 만든 학교를 다녀 일찍이 기독교 신앙을 갖고 있었기 때문이다. 그러다 개종을 하게 된 계기가 생기는데 어머니의 병환이었다. 10일간 식음을 전폐하고 물로만 연명하실 때, 답답하여 점을 보게 되었는데 "굿을 하라"는 점괘가 나왔다. 마침내 굿을 하기로 하고 교

상산전전경.

회 나가는 일을 3일간 끊었다. 굿을 하고 2일만에 어머니가 쾌유되시는 것을 직접 목격한 조동천은 바로 믿음을 바꿨으며, 자연스럽게 상산전과 인연을 맺게 되었다.

1966년 상산전을 개축할 때 조동천은 총무를 맡았다. 이 당시 개축을 주도한 주민은 이현덕이었다. 이현덕은 금반지를 빼 상산전을 새로 짓는데 바치기도 했던 분으로 당주도 맡아보았었다. 이현덕보다 윗대의 주요 당주로 서성열이란 분이 있었다. 조당주보다 20년 정도 연배였다고 한다.

이현덕이 당주할 때는 깜둥이 만신이 단골만신이었다. 깜둥이 만신 이후에는 상황에 따라 여러 만신을 부르다가 최근에는 조당주의 딸이 단골만신 역할을 이어가는 중이다.

제보자 : 조동천(남, 1921년생)/ 1999년 (음력7.1) 대담
조사 및 참관 : 1999년 (음력7.1) 대동고사, 2000년(음력7.1) 대동고사

목적	나라와 동네의 안녕과 풍요				
당	이름	상산부군당	형태	대지 10평 건평 4평 한옥	주소	서울특별시 영등포구 영등포3동 7가 156-1
	제신	군웅할아버지, 군웅할머니,				
치성형태	굿식 고사			날짜	음력 7월1일, 10월1일(연2회)	
전승주체	단체	없음				
	대표	없음		주소		
당주	이름	조동천(남, 81, 방앗간)		주소	서울특별시 영등포구 영등포3동 ☎2637-9332	
단골만신				주소		

보광동 명화전(부군당)

당주집 성주님께 먼저 인사를 올리는 모습. 이 의식이 끝나야 각 가정에서 차례를 지내고 돌돌이에 들어간다.

몇 년 전까지만 해도 강변북로를 타고 마포 쪽으로 달리다가 한강대교를 좀 지나면서부터는 시원한 한강줄기에 시선을 뺏기지 않고 우측으로 올려다 볼라치면, 오산중고등학교 바로 앞 언덕바지에 제대로 삼문을 갖춘 그럴듯한 한옥이 시선을 붙잡곤 했었다. 새롭게 단장한 태가 확연했던 그 건물은 사당 같은 분위기를 내곤 했지만 나름대로 정취가 있었다. 비교적 주위에는 건물이 들어서 있지 않아 넉넉한 공터와 흙이 보여 한옥 특유의 맛이 있었으며, 특히 동틀녘이나 해질녘에 이 길을

달릴 땐 한강을 물들이는 석양이나 일출과 어울려 나름대로의 정취를 뿜어내던 자태였다.

그런데, 지금은 날이 훤한 대낮에 강변북로를 달리며 눈을 씻고 찾아도 보이지가 않는다. 분명 그 자리임에도 불구하고 그 건물은 시야에서 사라졌다. 대신 최근에 생긴 고층아파트가 시야를 덮어온다. 그 한옥을 허물어버리고 대신 아파트를 지은 것일까?

그 한옥은 여전히 그 자리에 있긴 있다. 대신 그 앞 공터와 구릉지대를 파내고 고층아파트가 들어섬으로써 시야를 가린 것이다. 강변북로에서는 아무리 찾아보려 해도 안 보이게 된 연유다. 물론 그 사당에서 한강을 바라보려 해도 강은 보이지 않고 아파트 벽면에 커다랗게 써놓은 아파트 건축회사 이름만 들어올 뿐이다.

이 한옥은 김유신 장군을 주신으로 모시고 있는 보광동의 명

돌돌이에 들어가기 전에 당주와 하주들이 그날 굿판에서 쓸 돈을 나눠 갖고 있다. 대개 대동굿에서는 공동 경비 중 일부를 주민들이 나눠가져 굿전으로 사용한다.

명화전이라는 사당이다. 이 사당은 보광동 주민들이 마을의 안녕과 풍요를 기원하는 신심의 대상, 즉 부군당이기도 하다. 동네에서는 이 부군당이 보광동 배판(마을의 형성) 이래에 생긴 것으로서 1000년이 넘었을 것으로 추측하고 있다.

보광동 사람들은 여전히 일 년에 한 번씩 단골만신을 불러다 굿을 하며 정성을 올린다. 유난히도 눈이 많이 내린 신사년(2001) 음력 1일 1일에도 그 전통은 변함없었다. 이미 새벽부터 당에 간단한 제를 올리고 모두들 각자 차례를 지내러 자기 집으로들 돌아가 명화전 경내와 바로 붙어 있는 관리인 집은 인적이 뜸했다. 대신 대문에 쳐진 인줄만 외부인의 출입에 경종을 올리고 있었다. 한글로 '피부정', '상문부정'이라 쓴 흰 한지가 인줄에 매달려 겨울 강바람에 맞춰 휘날리는 모습이 예의 그 웅장한 삼문, 그리고 새롭게 증축하면서 세웠을 여러 비석들과 부조화처럼 스산하게 보였다.

하지만 실상 그 인줄의 의미는 그렇지 않을 것이다. 새끼줄과 산뜻함, 그리고 고층건물과는 부조화처럼 보일지라도 새끼줄을 매달고 부정을 가리려 한 궁극적인 목적은 풍성함과 안녕이기에, 이미 풍성함을 찾은 이들 모습과의 조우는 분명 조화로움임이어야 한다. 의미상으로는 말이다. 아쉬움이라면 그 외관의 조화미가 좀더 세련되고 여유로움을 느낄 수 있었으면 하는 바람을 떨쳐버릴 수 없다는 데에 있다. 여유로움은 안정감으로 나타날 것이고 안정감은 안녕 그 자체일 테니까…

명화전이라는 현판이 걸린 웅장한 삼문 입구에는 베니어판에 흰 종이를 붙이고 두 줄로 죽 적어놓은 명단이 보였다. '2001년 치성금'이라는 제목이 우측 상단에 내려쓰기로 씌어 있었고, 바로 좌측 옆으로 다음의 명단들이 죽 적혀나갔다.

용산구청 280만 원.
주택조합 50만 원.

보광향우회 10만 원.
농협보광동지점 5만 원,
기업은행보광동지점 5만 원,
보광우체국 5만 원.
제일경로당 5만 원,
제이경로당 3만 원.
김명수 00만 원.

이름과 치성금 액수를 있는 그대로 공개하는 이 명단의 너풀거림은 마을굿 현장이라면 전국 어디에서든 발견하게 되는 정경이기도 하다. 어차피 액수가 정해져 있는 것이 아니고, 자기 성심성의껏 정성을 표하는 치성금이다. 많든적든 자기 이름이 올라 있다는 것은 그 마을의 당당한 구성원임을 공표하고 인정받는다는 의미이기에 이름 하나하나를 종이 한 장 한 장에 독립적으로 써서 높이 매달아 놓는 마을이 많다. 결국 우리 마을이라는 공동체의 중요한 구성원이자 주인이라는 것을 당당히 만천하에 공표하는 방편이면서 대동판을 만든 주인으로서의 떳떳함이 배어 있는 이름자이기도 하다. 그 숫자가 많으면 많을수록 보기 좋고 그렇게 뿌듯할 수가 없다. 액수가 적다고 해서 한 줄에 2명씩 3명씩 적지는 않는다. 보광동의 치성금 명단은 계속되고 있었다. 아래 적는 방식은 편의상 묶어 적을 뿐이다.

권태근, 백의효, 장기창, 김경열, 김우식, 박성현, 김재덕, 이만철 각 00원.
김정해, 김창열, 김진열. 김종열, 김태우, 김동훈, 김효정, 김효진, 김일구, 류종현, 박종배, 이영산, 장승용, 조재길, 황병성, 황병렬, 최창환, 안승철, 장병송, 최우영, 최현균, 김우관 각 0만원.
김광로, 김영기, 김무룡, 김상호 감상수 김운진, 김명한 박장석 서남석 심삼진, 송쉬돈, 안홍옥, 이기성, 기경식, 이건식, 이현석, 오도순, 윤봉기, 장석

동네 전체를 돌아오는 돌돌이 모습

가망굿이 끝나고 당주가대를 잡는 모습.

정광용, 조봉래, 허재숙, 최영길, 이종원, 정헌옥, 조태오, 이형훈, 홍승만, 최기환, 차만호, 이창원, 장창현, 강정수, 허태석, 권완출, 허봉욱, 김칠봉, 김기원, 김준우, 이상하, 조상영, 조무강, 성상준, 이충일, 주명훈, 김용득, 김인배, 김웅철, 성보경, 손정원, 손정일, 오도균 각 0만원

김일수, 김정웅, 김학장, 김형갑, 김점시, 김오중, 강근식, 강석회, 권명진, 박상구, 서홍길, 신남철, 안성옥, 안정회, 장기환, 장창석, 황부기, 김진엽, 편우창, 신회자, 김판남, 조용성, 이경종, 이사돈, 최선영, 최정숙, 이석재, 김두성, 안대종, 김기준, 김의복, 이준권 각 2만원

두보라주점 0만원

하루종일 굿을 해가는 과정에 저 명단의 끝에는 계속 새로운 이름이 늘어날 것이다. 치성 당일날 당에 와 직접 치성금을 낼

대가 내리면 당을 한 바퀴 돈 다음에 마당에서 춤을 춘다.

만신으로부터공
수를받고있는마
을주민

사람이 꽤나 될 테니까.

　보광동의 치성금 명단에서 특이함이라면 그 액수가 만만치
않다는 사실이다. 보통이 3만 원이다. 만 원짜리는 보이지가
않으며, 2만 원도 주종을 이루지 못하고 있었다. 그만큼 부군
할아버지 · 할머니의 보살핌으로 보광동 주민들 일 년 생업이
비교적 무난했다는 반증일 수도 있고, 이 대동치성을 이끌어
가는 주체들이 노인층이 아니라는 의미일 수도 있다. 노인들
이 주체가 되어 겨우 전승시키고 있는 동네일 경우 치성금 액
수가 보통 1만 원이란 사실과는 무척 대비되는 모습이다. 여
느 행사장이나 잔치에 들어오는 부조와 그 액수나 동참자의 수
에 있어 큰 차이가 없다는 것은 보광동의 부군당 대동치성이
보광동에서 이뤄지는 일반적이면서도 일상적인 행사와 궤를
같이한다는 판단을 하게 만든다.

명화전의 유래와 대동치성

보광동이란 이름은, 신라가 진흥왕 때 북진하여 고구려를 토벌하고 칠보강(현 임진강) 이남의 영토를 뺏은 뒤 보광도사가 수도하던 굉장히 큰 규모의 절을 지어(이조 말까지 존속했다고 함) 이 절에서 춘추로 국운을 비는 제사와 기우제를 지냈다고 하여 보광도사의 이름을 따 보광동이라 하였다는 이야기가 전한다.

보광동의 부군당인 명화전이 생긴 유래담도 전하는데, 김유신 장군이 고구려를 칠 때에 이쪽의 물이 얕아서 배수진을 치고 싸워 승리한 다음 마을사람들을 잘 대우해 줘 주민들이 김유신을 신으로 모시는 사당을 지었다는 것이다. 유래담으로 볼 때는 보광동이라는 마을 이름과 부군당이 생긴 것 모두 신라와 고구려의 싸움과 연관되어 있다.

보광동은 청평, 가평 등에서 한강을 따라 내려오는 땔감이나

대추로 산을 받고 있는 마을 사람들. 대추의 숫자로 길흉을 점친다.

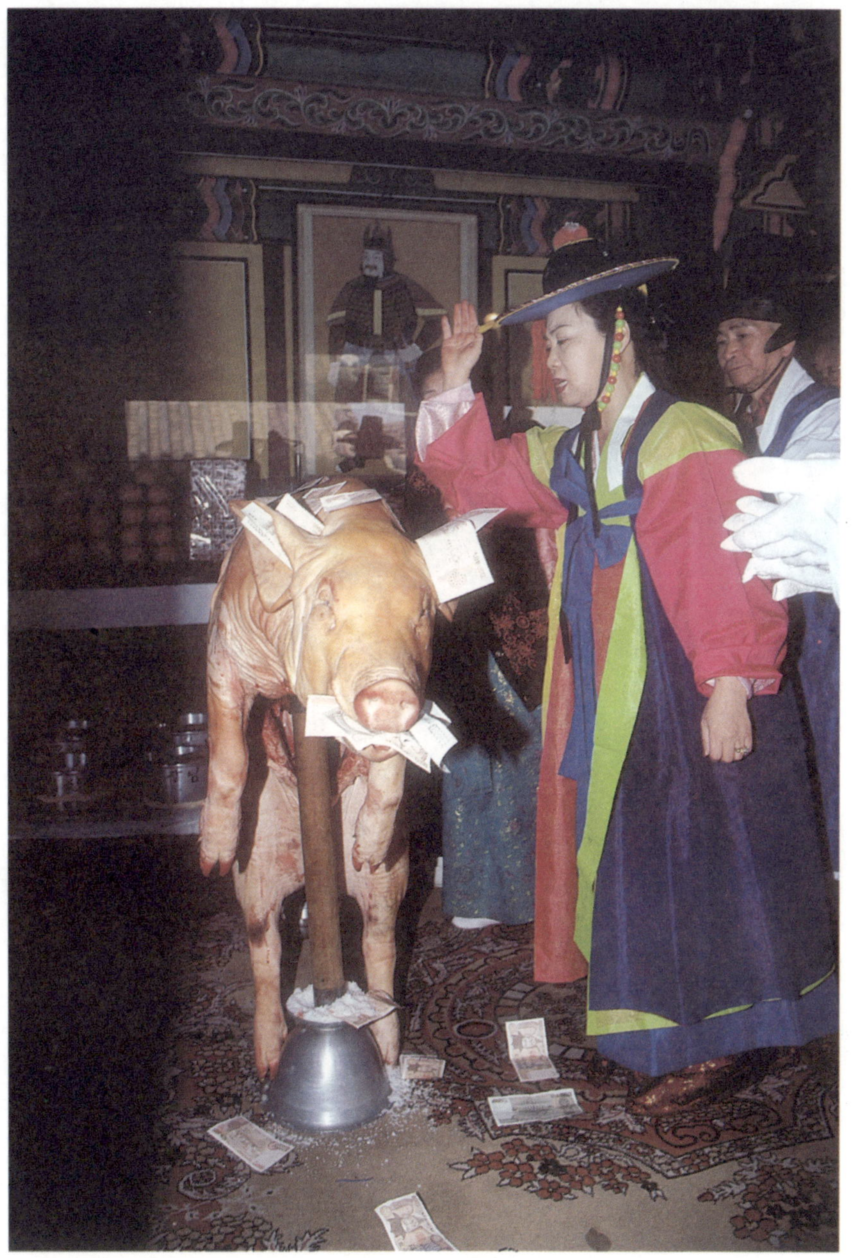

준비한 검은 수퇘지를 별상거리에서 통사슬로 세우고있다.

창부거리에서무녀와함께춤을추는당주와화주일행

목재가 부려지던 곳이다. 이들 목재와 땔감을 보관하던 창고(머리간)가 보광동 1통과 2통에 각각 있었다. 나무를 사러온 사람, 싣고 온 뱃사람, 수금하러 온 사람들이 모여들어 동네에 활기가 넘쳤었다고 한다. 이들의 만남 장소로 '홍방울네' 주점이 그 중 유명했으며, 지금도 중년층 이상에게 회자될 정도로 명소였다. 보광동은 가락김씨들이 집성을 이뤄 살던 동네로도 알려져 있다.

명화전(明化殿)은 김유신 장군을 주신으로 하고 산신, 삼불제석 등 모두 열다섯 분의 신령을 모시는 보광동의 부군당이다. 한강이 바로 내려다보이는 언덕바지에 명화전 건물과 3평의 솟을대문(삼문) 그리고 관리인이 사는 관리사가 한 울타리 안에 있다. 원래는 현재 위치에서 50여 보 떨어진 강가에 있었으나, 1941년 일제가 철도부설을 하면서 헐어내 지금 장소로 이전해야 했다. 현재 잘 정비되어 있는데 1990년대 중반 개축

소지모습.하늘로
잘타올라야좋은
것이다.

을 하여 지금의 웅장한 모습을 갖췄기 때문이다.

　이 부군당에서는 매년 정월초하루 설날, 둔지미 이주민들을
제외한 원 토박이 중심으로 부군당 치성을 드린다. 섣달열흘
에 마을 회의를 소집하여 당주(1명)와 화주(6명)를 뽑는 것
으로 준비가 시작된다. 치성 보름 전부터 집 앞에 금줄을 치고
황토를 뿌려 잡인과의 접촉을 삼가하여 부정을 타지 않도록 조
심한다. 당주는 조라를 담그고, 화주들은 필요한 제물을 구입
하여 조리한다. 흰 점이 전혀 없는 검정 수퇘지를 반드시 준비
해야 하는 일도 그들의 몫이다. 지금도 그 전통이 이어지고 있
으나 마을회의 소집 시기가 2-3개월 전에 미리 하는 점만 다
르다.

　치성 당일이 되면 아침 일찍(요즈음은 8시경) 먼저 사당에
유교식으로 제를 지낸다. 주민들이 각자 집으로 돌아가 차례
를 지낸 다음 본격적으로 부군당 대동굿을 시작한다. 먼저 당

명화전 전경. 솟을대문 뒤편 건물이 명화전. 좌측 건물이 관리인집이다. 아파트공사를 하면서 계단 정비 등 주변 조경이 바뀌었다.

주 이하 하주들이 잽이들을 데리고 풍악을 울리며 동네를 돌아오는 '돌돌이'를 한다. 돌돌이를 하고 당에 돌아와 마당에 자리를 깔고 본격적인 굿에 들어간다. 가망굿 후에는 당주가 대를 잡아 신령이 내리면 당 주위를 한바퀴 돈 다음 좌정시키며, 별상굿에서는 통돼지 사슬을 세우고, 대감굿에서는 동네사람들이 무감을 서며 논다. 뒷전 전에 소지를 올린다. 굿을 하는 동안 당주 이하 화주들은 내내 자리를 지켜야 한다. 보통 무당 3인과 잽이 4인 정도의 규모로 굿판이 형성된다.

당주는 굿이 끝나면 간단한 제물을 차려 굿이 무사히 끝난 것에 대해 부군님께 감사를 드린다. 예전에는 제물을 당주 집으로 옮겨 다음날 반기를 하였으나 지금은 잘 먹지 않기 때문에 굿이 끝나면 바로 보광동 관내 관공서 등에 나눠주는 등 현장에서 처리를 끝낸다. 예산이 넉넉지 않으면 해를 걸러서 굿하는 경우가 많았으나 최근에는 매년 굿을 하고 있다. 대동굿을 할 경우 700-800만 원 정도의 경비가 들어가며, 83년에는 172호가 치성금을 냈고, 현재도 150여 호 정도가 참여를 하며, 구청의 지원도 받고 있다.

지킴이

마을에서는 명화전계를 조직하여 이끌어 오다 이 명화전계를 '명화회'(보존위원회)로 이름을 바꿔 회장, 부회장, 총무의 조직체계를 갖춰 활발하게 활동하고 있다. 30대부터 70대까지 100여 명의 회원이 가입되어 있으며, 매달 마지막 목요일에 모이는 정기모임에는 평균 30-40명이 참석하는데 40-60대까지가 주축이다. 회비는 매달 만 원씩으로 당일 식사비 등으로 대부분 쓰인다. 임원의 임기는 2년으로 투표를 통해 선출한다. 생업이 바쁘고 여러 가지로 신경을 써야 하는 직책이기 때문에 오래 하지 못하고 자주 바뀌는 실정이다.

현재 황병열, 안승옥을 고문으로 모시고 김진열 회장, 계영천 부회장, 정만진 총무가 애를 쓰고 있다. 정만진은 오랫동안 총무를 맡아 정성을 많이 쓰는 분이다. 장영환, 이승옥, 권완복, 박부산, 황병열, 김정해가 역대 회장을 맡았다.

단골만신은 시할머니때부터 대를 이어 굿을 해온 이군자 만신(조카님 따님)이다. 명화전과 붙어 있는 관리인 집에 살면서 당을 관리하고 있다. 신부성씨도 항상 참석하여 함께 굿을 한다.

목적	마을의 안녕과 풍요				
당	이름	명화전 (부군당)	형태	대지:185평 당: 18평 관리사:22평	주소	서울특별시 용산구 보광동 155번지
	제신	김유신, 산신, 삼불제석 등 15위				
치성형태	대동굿 / 유교식 제향			날짜	음력 정월1일(연1회)	
전승주체	단체	명화회				
	대표	김진열회장(남, 60, 5대째 토박이) 김충열회원(남, 57, 연락처)		주소	용산구 보광동 265-426 용산구 보광동 ☎ 749-9049	
당주	이름	이군자	성별 나이	여, 75, 만신	주소	서울시 용산구 보광동 155번지 ☎ 798-5118
단골만신		이군자	직업	상동	주소	상동

옥수 2 동 부군당

부군당 전경. 아
파트 단지 안에 있
다.

이야기 하나

3호선 전철 옥수역 일대를 얼마나 돌아다닌지 모른다. 묻고 또 묻고 동네를 돌고 또 돌아도 나타나지가 않았다. 음력 10월2일이면 삼성아파트 단지 안에 있는 부군당에서 어떤 만신이 치성을 드린다는 사실을 알아내기까지 한참, 그 부군당의 소재를 확인하기까지 또 한참, 그 부군당을 관리하면서 치성을 홀로 지내고 있다는 할머니의 소재파악에선 절벽감이 기다리고 있었다. 옥수동에 올 때마다 삭막함을 느끼고 별 성과없이 발길을 돌린 적이 한두 해가 아닌데 이번에도 항상 느끼는 그 분위기와 부딪히고 있었다. 서울시내 대단위 아파트단지가 개발되었거나 개발중인 동네에서 똑같이 느끼게 되는 반응들이다. 부군당이나 마을굿에 대해 관심을 보이면…

신주민들은 무관심과 종교적인 선입견(아파트단지는 대부분 젊은 사람들이 살기 때문에 관심이 없거나 기독교인거나 미신시하는 선입견의 소유자가 대부분이다, 외지에서 온 신주민들은 토박이 對 이주민으로의 구분으로 생각하여 기분 나빠하는 경우도 있다)이 강하고, 원주민들은 왠지 피해의식으로 무장되어 경계의 눈빛이 쉽사리 풀리지 않는 경우가 또한 많다. 그러나 어쩌랴. 오늘은 무슨 일이 있어도 확인해야만 했다. 그러나…

부군당 입구에 있는 아파트 경비원에게 물어보니 알기는 아는데 연락처는 "몰라요"란 답변뿐, 노인당에서 "옥수2동 쪽 어디에 산다는 이야기를 들었다"는 얘기에 희망을 갖고 무턱대고 만신깃발만 찾아봤으나 산동네의 미로뿐, 만신깃발이 달린 집들은 죄다 두드리고 다녔더니 냉담한 반응들, 혹시 아파트 관리사무소에서 소재파악을 하고 있을 것 같아 다시 내려와 찾아가니 점심시간이라고 부재중, 점심을 먹으러 들어간 식당 아저씨가 토박이 노인들이 항상 모이는 표구사가 있으니 가서 물어보라는 친절한 안내도 "얼마 전에 없어졌다"는 확인으로 허사, 다시 아파트 관리사무소에 들러 문의를 하니, 아! 그제서야 할머니 전화번호와 대면할 수 있었다.

아이고 살았다. 드디어 할머니와 통화가 되어 집을 찾아 나서니 오전에 헤맨

부군님 내외. 홍막음 만신(86)이 모시고있다가새 부군당으로옮겨 모셨다.

산동네의 옆블럭이었다. 그 지역에 들어서서도 오르락 내리락, 이 집인가 싶으면 아니고 저 집인가 싶으면 아니고 구멍가게에 들어가 봐도 젊은애들만 있어 "모른다.", 또 전화하고 또 전화해서 묻고, 마침내 "그것도 못찾아? 우리집 찾기 천하 없이 쉬운데"란 역정소리를 듣고서야 "아이고 할머니 반가워요"란 소리가 절로 나온 상봉이 이뤄질 수 있었다.

할머니 나이 85살. 이름 홍막음. 산비탈 낡은 연립주택 1층에 전세살이 혼자몸이었다. 집 입구 어디를 둘러봐도 무당깃발은 안 보여. 집안을 살펴봐도 그냥 평범한 노인방. 이러니 찾기가 힘들지. 그런데 "걷기도 힘들어 하시는 이 노할머니가 부군당지킴이?" 절로 드는 의문과 감탄으로 굳이 내놓으시는 고구마개떡(할머니 작품)을 앞에 놓고 이야기를 듣다보니 현대판 '전설따라 삼천리'로 착각할 정도. 그러나 '믿거나 말거나'로 흘려버릴 수 없는 옥수동 부군당은 분명한 옥수동

의 현대사였다. 담
담하게 세월을 풀
어내는 할머니의
이야기는 잔잔한
감동이기도 했다.
이다지도 홍할머
니 만나기가 힘
들었던 것은 옥
수 부군당을 지
켜온 할머니의 역
정을 실감케 한
부군님의 배려였
을지도 모른다.

이야기 둘

평소와는 달리
10월 보름날 치
러진 옥수동 부
군당치성! 참석
자는 홍할머니와

부군당안에비치
된징과북

어떤 아주머니 한 분이었다. 이제는 힘이 들어 그냥 넘어가려
했는데, 치성받아 잡수시던 전날밤 홍할머니 꿈에 허연 할아
버지가 나타나시고, 당일 날 부군당에 대해 책 쓴답시고 녹음
기들고 찾아온 젊은 사람들 때문에 다시 잡은 날이었다. 전날
그 몸으로 버스 타고 경동시장에서 장을 봐다 직접 음식을 만
들었고, 새벽에 배달을 부탁한 방앗간 떡을 다 옮겨다 진설하

고 계셨다. 일어나자마자 자신이 살고 있는 연립주택의 터대감에게 고사를 지내고 아침까지 든 다음에 부군당에 내려와 부군당 철문을 여신 것이다.

물을 플라스틱 바께스로 떠다가 청소도 하고, 부군당 담벼락에다 어떤 놈이 싸놓고 간 똥도 치운 다음이었다. 진설을 끝낸 할머니는 징을 혼자 울리며 간단한 정성을 도당할머니께 올렸다. 대동 편안하게 잘 보살펴 달라고… 사진과 비디오에 얼굴 나오길 극도로 피하는 유일한 동네참석자, 그 아주머니는 이번에 대학 입학시험을 보는 손녀딸의 합격여부에 온 신경이 집중되어 있었다.

부군당의 유래와 절차

워낙 옥수동에는 3도당이 있었다. 옥수2동 쪽에 가장 맏형격의 부군당이 있었으며, 지금 옥수현대아파트 울타리 쪽에 둘째형격의 부군당(하늬마을)이 있고, 옥수하이츠아파트 옆 강변북로와 접해 있는 막내격의 부군당이 있다. 맏형격의 부군당을 제외하고 나머지는 계속 동네에서 치성을 드려왔다. 반면에 옥수2동 쪽 부군당은 30여 년 전에 없어졌었다.

없어진 옥수2동 쪽 부군당의 자리는 신작로(현재의 독서당길)가에 있었다. 『한국지명총람(서울편)』에 의하면 옥수동 244번지 동쪽에 독서당터가 있었다는 기록이 나온다. 응봉산 아래 정남향 언덕 위인 월송암 서쪽이 그 위치다. 독서당(讀書堂)이란 엄정하게 선발된 학자들이 조용한 곳에서 글공부에 전념할 수 있도록 국가에서 집과 음식을 제공하여 사가독서(賜暇讀書)토록 한 제도로서 그 장소를 독서당이라 하였다. 세종 때 집현전 학사들에게 장기간의 휴가를 주어 절 등에 가서 사가독서 하도록 한 제도에서 기원하였으며, 성종 때 청암동의 폐사찰을 수리하여 아예 집을 마련하여 준 것이 독서당이다. 이 독서당을 일명 호당(湖堂)이라 하였는데 연산군 때 폐지되었다가 중종 때 두모포(현 옥수동)의 월송암 근처에 새로 독서당을 지어 옮겼다. 이를 청암동의 독서당과 구별하여 '동호독서당'이라 불렀다.

이 동호독서당도 숙종 35년(1709)에 폐지되고 그 자리에 부군당이 세워

징으로 반주를 하며 무가를 부르고 있는 홍막음 만신

대동축원하는 홍
막음만신

졌다는 것이다. 부군당 앞에는 '孔夫子道統古今淵源紀念碑
(공부자도통고금연원기념비)' 라 새긴 비가 세워져 있었다
전한다. 현재 옥수동의 홍할머니가 모시는 부군당과 동호독서
당터의 부군당과의 상관관계를 유추케 하는 기록들이다.

　홍할머니가 모시는 부군당이 30여 년 전에 없어지게 된 내
력은 Y씨 성을 가진 사람이 팔아먹어 버렸기 때문이다. 상당
히 넓은 당자리였다. 그 땅을 팔아먹으면서 화분을 모실 데가
없으니까 홍막음 할머니에게 갖다 맡겨버렸다. 그 일이 있기
며칠 전에 홍할머니는 다음과 같은 꿈을 꿨다고 한다. 꿈에 말
이 쓰러져 있는데 가서 보니 불알이 터져 있었다. 홍할머니가
말불알을 꿰매줬더니 일어나 홍할머니 집으로 들어왔다. 홍할
머니가 금호동에서 옥수동으로 이사 오고 2년 지난 시점이었
다. 당시 홍할머니는 신이 내려 만신의 길을 걷고 있을 때였다.
처음엔 할머니가 받지 않겠다고 거절하였다고 한다. 대신 Y씨

에게 장소를 지정해주며 당을 새로 지어 모시라고 권하였다.
홍할머니가 선몽을 받았기 때문이었다. 원래 당 건너편 경사
지대(현재 극동아파트 자리)가 당시에는 판자집들이 밀집된
곳이었는데 돌산이었다. 당할머니가 꿈에 그 한 곳을 지정하
면서 "20만 원 하니 구입하여 당을 새로 지으라." 선몽했다
고 Y씨에게 전했으나 Y씨는 이를 무시하고 만다.

그 후로 동네 젊은이들이 미쳐돌아가는 일들이 생겨났다. 그
이유를 알고 있는 홍할머니로서는 더이상 못 본 체할 수 없었
다. 할 수 없이 본인이 모시고 있던 미륵당(자신의 집 마당)에
좌정시킨 뒤 대동에서 해왔던 대로 매년 10월2일 치성을 드
리게 되었다. 이것이 홍할머니가 옥수동 부군당을 책임지게
된 계기였다. 나중에 Y씨는 당을 팔아먹은 죄로 벌을 받아 죽
게 된다.

Y씨가 죽기 전 어느날, Y씨가 홍할머니 꿈에 나타났다. 흰

옷 차림으로 나타나 벼루하고 붓하고를 내밀면서 "이게 마지막이니까 저는 간다"고 해 꿈을 깼다. 급히 Y씨 집으로 달려가 보니 Y씨는 다 죽게 된 상태였고 홍할머니 앞에서 피를 왈칵 쏟았다. 홍할머니는 놀라서 뛰쳐나왔다. 그리고 얼마 후 Y씨는 세상을 떴다. 홍할머니는 Y씨가 당할머니로부터 벌전(신이 내리는 벌)을 받아 죽은 것으로 믿고 있다. 벌전을 받으면 피를 쏟고 죽기 때문이다. Y씨 부인이 홍할머니더러 "자식들이 예수를 믿어 기독교식으로 장례를 치르니 문상을 오지 말라"고 하여 가지 않았다고 한다. 그 후 Y씨 부인도 Y씨가 죽은 그 방에서 목을 매달아 자살하고 만다.

옆집에 살던 박씨네 할머니가 Y씨네와 자주 왕래가 있었는데 당 팔아먹은 돈의 일부를 나눠 먹었던지 박씨네에도 안 좋은 일이 생겼다. 젊은 장남이 갑자기 죽은 것이다. 결국 박씨네 할머니가 1995년에 그 돈을 홍할머니에게 가져다 주었다. 이런 일련의 일들을 겪으면서 동네사람들은 무섭다고 홍할머니와 당을 피하게 되었다. 그리고 원주민 사람들도 옥수동 일대의 개발로 대부분 떠났고, 연로한 사람들은 고인들이 돼 당치성을 혼자 지내야만 하는 상황이 되고 말았다.

Y씨는 원래 옥수동 사람이 아니었다고 한다. 처음 보따리 하나 짊어지고 옥수동에 들어올 때 부군당 자리에서 밤을 새우게 된다. 그날밤 Y씨 꿈에 당할머니가 나타나 "치성을 드려라. 내가 도와줄게"라고 하여 다음날 쌀을 구해 당할머니께 정성을 드렸다고 한다. 그 후 옥수동에 자리잡고 살게 되며, 차츰 옥수동 제일 부자로 성장한다. 그런 사람이 선몽해준 동네 당할머니의 거처인 당까지 욕심내다 맞이한 결과였다.

홍할머니는 자신의 신당에 부군당 신령님들을 함께 모신 상태에서 매년 혼자 힘으로 치성을 드리면서도 당을 새로 지어야 한다고 생각했다. 그 방법으로 홍할머니는 옥수극동아파트, 극동그린아파트, 삼성아파트 등 아파트들이 들어설 때마다 재개발조합장들을 찾아다녔다. 귀찮도록 쫓아다니며 권했으나 반응이 없었다. 마침내 삼성아파트조합장이 홍할머니의 뜻에 동의를 하여

줘 현재의 부군당 건물을 지을 수 있었다. 홍할머니는 그처럼
쫓아다닌 이유를 다음과 같이 밝히고 있다.

 "만신 개인이 모시던 신령은 상관없지만 마을 대동에서 모
시던 신령은 아무렇게 팽개쳐 두면 안 좋아. 내가 죽게 되면 모
셔둘 데가 없어지므로 죽기 전에 자리를 잡아드려야 하잖아!
또 옥수동 쪽 매봉산 자락의 골짜기에 아파트들을 지으니 먼저
그 고랑산(골짜기) 산신령님을 모시고 일을 하는 것이 이치가
아냐?"

 이 신념이 30년 만에 당을 다시 되찾게 만들었다. 홍할머니
와 삼성아파트 재개발조합장이 부군당 화분을 들고 구청에 함
께 들어가 10일간 조른 결과였다. 마침내 허가가 떨어졌고 공
사에 착수할 수 있었다. 부군당이 완공되자 홍할머니는 자신
의 신당에 더부살이하던 옥수동부군당 화분을 1999년에 옮
겨다 모셨다. 옮기면서 굿을 하고 싶었으나 동네의 협조가 없

어 포기하고 말았다.

당집을 지어놓고도 문제가 생겼다. 문이 나무창살로 만들어져 있어 사람들이 뚫고 들어가 화분을 찢어놓는 등 훼손이 심했기 때문이다. 그래서 홍할머니가 30만 원을 들여 철문으로 바꿔달고 훼손된 화분도 다시 조성하여 모셔야만 했다.

부군당에 모시는 주신은 도당할머니다. 그리고 산신을 함께 모신다. 치성일은 음력 10월 2-3일이다. 경동시장에 가서 제물을 미리 구입해 온다. 이미 언급하였듯이 할머니 돈으로 준비하여 지낸다. 동네에서 지원받는 것은 전혀 없다. 내 공덕 쌓느라고 자비 들여 지내온다고 한다. 부정을 치고, 신을 맞은 다음 대동사슬을 세우고, 뒷전으로 마무리짓는 간단한 고사식 절차다. 사슬을 세울 때 참석한 동네사람들의 궁금증에도 응해준다. 굿소리를 크게 내고 싶어도 아파트에서 반대하기 때문에 혼자 지낼 수밖에 없다.

지킴이

홍막음 할머니가 당할머니 역할을 30여 년 하고 있다. 홍할머니는 동구릉에서 태어났다. 친정아버지가 동구릉 능지기였기 때문이다. 원래 왕십리 태생이었던 친정아버지는 둘째아들로, 왕십리에서 살고 있던 친정할아버지로부터 분가하여 직장 따라 동구릉에 살림을 차렸다. 시집은 양주군이다. 시집을 막 갔을 때는 시댁이 가난하였다고 한다. 셋집이었고 먹을 것 걱정하는 살림살이였다. 시집 가서 남편과 함께 곧 살림을 일으켰다. 남편은 의자공장에 재료를 납품하는 사업을 했다. 식모 2명, 보모 1명, 남자 일꾼 3명을 거느리고 농사까지 지으며 22칸 조선기와집을 짓고 살았다. 터를 사 직접 지은 집으로 뒤로는 산이고 앞으로는 과수원인 그런 집이었다. 그런데 45살에 남편이 죽고 만다. 그때 나이 38살이었다.

남편의 사업을 이어 뛰어다니는 동안 시어머니와 시아버지가 시집가라고 집문서를 다 가져갔다. 논8마지기를 팔아 남양 읍내로 이사를 갔다. 건물을

간단하게 서낭을 풀어먹이고 있다.

지어 하숙 치고, 살림하는 미군부대 색시들에게 방을 세주면서 살았다. 미군이 철수하자 경기가 없어 쌀 한 가마 받고 집을 팔고 서울로 나왔다. 대한극장 뒤 필동 산꼭대기에 세를 얻어 서울생활을 시작하였다. 중부시장 입구에서 떡장사도 하고, 과일장사도 하는 등 안한 것이 없다. 무슨 장사를 하던 잘 되었다고 한다. 수출용 의류공장에 취직을 하여 노동자로 일하기도 했다. 미싱사로 하루에 바지를 1000개씩 뽑아내기도 했다. 버리는 자투리 천이 아까워 바지를 100여 개씩 만들어 양노원에 갖다주기를 자주 하였다. 몇 년 하니까 눈에 이상이 왔다. 원단의 염료 때문이었다.

공장주인이 기독교인이어서 자주 밥 사먹이면서 기도회를 가져 난처한 경우도 많았다. 금호동 꼭대기에 세를 들어 살 때다. 월남에 가 있던 군인장교를 남편으로 둔 여자 집주인이 거의 매일 외출하는 경우가 많아 할머니가 그 집 빨래까지 해주는 상황도 생겼다. 집주인 여자가 애들 밥도 안해주고 다녔기 때문에 보기가 딱해 그 애들을 거두는 경우가 많았다. 밥도 챙겨주고 빨래도 해 입히고. 이렇게 고생해서 자신의 아들 3형제를 대학교육 다 시켰다.

그러다 금호동에서 할아버지(몸주신)를 모시게 되었다. 신어머니도 없었다. 본인이 날 잡아놓고 시주 걷으러 다녀 내림굿을 하였다. 17집을 걷으라는 할아버지 선몽을 받고 시주를 받아 내림굿을 했다. 내림굿을 하기 전 석달 10일은 물만 먹고 살았다. 먹지 않은 상태에서 온 산을 뛰어다녔으며, 북악산에 올라가 자고 오기도 했다. 세종대왕님이 들어오셨기 때문에 북악산에서 잠을 잔 것으로 믿고 있다. 마침내 동구릉에서 군웅대신이 문을 열어줬고 이어서 불암산에 있는 어떤 암자까지 뛰쳐가 그곳 3부처님(석가, 관세음보살, 지장보살)을 모셔오게 된다, 현재 홍할머니가 모시는 신령님은 세종대왕, 미륵님, 오방신장, 이순신장군, 산신, 3부처님, 작두대신, 최일장군(최영장군) 등이다. 50살 때의 일이다.

그 뒤로 옥수동으로 이사를 온다. 할아버지의 계시에 따른 것이다. 욕심부리지 않고 할아버지가 시키는 대로 살아왔다. 돈도 벌었다. 주로 집을 사고 파는 과정에서 번 돈이다. 몸주 할아버지가 시키는 대로 하여 덕을 그렇게 많이 봤다. 지금은 다 팔아 나눠주고 혼자 생활할 만큼만 남았다. 틈틈이 봉사도 하면서 살아간다. 양로원에 미역 멸치 같은 것을 사다주는 식이다.

부군당 관리와 도당할머니 모시는 일이 걱정이다. 이제는 힘이 부쳐서 신경 쓰기도 싫고, 날짜도 자꾸 잊어버린다는 것이다. 돈이 나오는 일이라면 누구든 인계를 시켜주겠는데 돈도 안 나오는 일을 내 돈 들여가며 동네 위해 신경 쓸 사람이 어디 있겠느냐는 것이다. 동네 사람들이 조금씩 모아서 정성을 들이면 본인들 좋은 일인데 안타깝다는 것이다. "내 공덕 하느라"고 했지만 더 이상은 힘이 부친다는 것이다.

제보자 : 홍막음(여, 86) / 2000년 10월 28, 2000년 11월 13일 대담
조사 및 참관 : 2000년 11월 13일(음력 10.15) 부군당고사

목적	마을의 안녕과 풍요				
당	이름	부군당	형태	당건물: 2평 정도	주소	서울특별시 성동구 옥수동 241 삼성아파트 101동 놀이터 위
	제신	도당할머니, 산신				
치성형태	굿식 고사			날짜	음력 10월 2일 (연1회)	
전승주체	단체	없음				
	대표	없음		주소		
당주	이름	홍막음	성별 나이	여, 86	주소	서울특별시 성동구 옥수2동 ☎ 2297-4327
단골만신		홍막음	직업	상동	주소	상동

산천동 부군당

아파트 공사 때문에 당집이 헐리자 몇 년 동안 이곳 저곳 집 없는 설움을 말없이 보내셨던 부군님 내외가 드디어 완성된 부군당으로 거처를 옮기시는 날이었다. 2000년 10월 25일(양력), 그해 부군당 대동치성을 드리는 날이기도 했다.

한강을 바라보고 언덕바지에 있었던 부군당은 '산천구역 주택개량 재개발사업' 시행으로 대단위 아파트 단지가 들어오게 되어 재개발조합과 '원효로 2동 부군당위원회' 사이에 부군당을 헐고 이전 신축하기로 결정한다. 1997년 3월 28일 부군당을 철거하고 모시고 있던 부군님 내외분과 삼불제석님은 길 건너편에 임시로 마련한 봉안실로 옮겼다. 물론 동네에서는 봉안고사를 지냈다. 그러나 다시 심원경로당 옥상으로 봉

산천동 부군당 전경. 2000년에 새롭게 완공된 모습이다.

심원경로당 옥상에 임시봉단처를 만들어 모시고 있던 부군님 화분을 새로 지은 당집으로 모셔가기 위해 봉안처를 개봉한 후 간단한 고사를 준비중인 정해옥 당주와 원효2동 부군당위원회 임원들.

안실을 옮겨야 했으며, 그곳에서 비바람을 피하다가 드디어 새당집이 완공됨으로써 옮겨앉게 된 것이다. 3년간의 집없는 설움이 해소되는 날이었다.

　새로 지은 부군당에 일단 모인 동네사람들은 당주만신이 도착하자 심원경노당 옥상으로 향하였다. 옥상에 마련된 임시 봉안실은 베니어판으로 캐비닛처럼 만들어 비닐로 몇 겹 싸놓은 상태였다. 비닐을 벗겨내고 덧문을 여니 부군님 내외가 함께 그려진 화분이 중앙에 모셔져 있고, 우측으로 삼불제석 화분이 모셔져 있었다. 바닥에는 흰색과 오색지화를 각각 꽂은 화병 2개, 월도와 삼지창이 몇 개, 제기를 담은 함지박, 그리고 낡은 북이 하나 보였다. 당주만신이 준비한 붉은 쌀팥죽과 막

임시봉안처였던
심원경로당을막
나서고있는부군
님일행.

걸리를 제물로 바친 다음 부군님과 삼불제석님께 각각 3배씩 큰절을 하였다. 그리고 옮겨가시게 되었음을 알렸다. 절이 끝나자 옥상 사방 모서리에 막걸리를 3번씩 뿌리고 이어서 돌아가면서 식칼로 팥죽을 퍼 헌식을 하였다.

간단하게 고사가 끝나자 화분을 걷어 내렸다. 화분을 일단 손에 받쳐들더니, 모셔져 있던 자리를 향하여 당주만신이 마지막 하직 인사를 목례식으로 3번 하였다. 건물 밖으로 나오자 먼저 양손에 꽃병을 든 부군당위원회 총무가 앞장을 서고, 이어서 회장이 뒤에 섰다. 미리 준비한 태극기와 부군님 화분을 양손에 들고서였다. 그 뒤를 당주만신이 삼불제석님 화분을 들고 따랐다. 그 뒤를 제물로 썼던 팥죽과 막걸리를 흰 한지로 씌워 양손에 든 사람, 제기가 든 항아리를 든 사람, 삼지창과

월도를 든 사람이 따랐다. 비록 풍악소리 없는 조용한 행렬이
었지만 경건함이 배어나왔다. 삼불제석을 받쳐든 당주만신은
굳이 제석님 얼굴이 정면을 향하도록 신경을 쓰는 모습에서 특
히 그랬다. 마치 살아있는 분을 모시듯하는 자세는 신심과 정
성 없이는 나오기 힘들 것이다.

　높은 건물들이 시야를 가려 비록 한강이 보이지는 않지만,
새 부군당의 좌향은 역시 한강 쪽이었다. 잔디를 깔아 깔끔하
게 단장된 50여 평에 이른 터전에 한식기와를 얹은 6평 건물,
안에는 화분 걸 자리가 준비되어 있었으며, 그 밑으로 2단 제
단이 설치되어 있었다. 화분을 걸 자리 밑 제단 위에 화분을 뉘
어놓은 다음, 가져온 꽃병과 새로 당주가 준비해온 꽃병을 위
쪽 제단에 올리고, 팥죽, 옥수, 찐가오리를 진설한 다음, 촛불

새 부군당 안으로 막 들어서는 부군님 내외

을 켜고 소주를 올렸다. 미리 대문 앞 문전대감에게도 팥죽을 올렸으며, 터대감에게 바치는 팥죽도 뒷뜰에 올린 뒤였다. 진설이 다 끝나자 일제히 옷을 갖춰입고 일동 절을 하였다. 무사히 모셔왔음을 고하는 인사였다.

의식이 끝나자 화분 수리에 들어갔다. 바닥에 돗자리를 깐 다음, 해진 화분 모서리에 흰종이를 덧대 바르고 먼지를 닦아내는 등 수선을 끝내자 벽면에 걸어 모셨다. 부군님은 중앙에 우측 벽면에는 삼불제석님… 헐리기 전 당집에서나, 임시 봉안처에서나, 새로 자리잡은 부군당에서나 신령님들의 자리는 변함없었다. 북은 다음날 당치성을 지내기 전에 삼불제석 맞은편 벽면, 즉 부군님 좌측편 벽면 기둥에 소창으로 끈을 달아 매달았다. 준비하는 동안에 벌써 동네할머니들이 당에 찾아와 부군님께 인사를 올렸다. 전 당주할머니가 살아계실 때 동생처럼 시장 심부름도 해주었다는 동네 할머니 한 분이 인사를 드리고 나오면서 "별일이야"를 연발하였다. 3일 전 꿈에 돌아가신 당주할머니가 나타나셔서 "동상."하고 불러, "아이고 또 심부름 시키시려나 보다"고 도망가다 꿈이 깼다는 것이다.

다음날 오전에 거행된 당치성에 회원들이 흰 한복을 입고 유교식으로 제를 지냈으며, 이어서 당주할머니가 주민들에게 오방기를 뽑아주며 축원 공수를 내렸다.

이어서 내외빈을 모셔놓고 부군당 마당에서 입당식을 거행하였다. 회장의 경과보고에 이어 공로패 시상이 이어졌다. 마이크 소리에 이름이 호명되자 김정식 (전)재개발조합장, 이우진 (현)재개발조합장, 김옥환 삼성물산 건설현장소장이 직접 혹은 대신 공로패를 받았다. 시상이 끝나자 외빈들이 부군님께 인사하는 입당제겸 부군당제를 유교식으로 거행하였다. 저녁에는 꽃받이를 하러 온 용문동 남이장군대제 일행을 맞이하여 꽃을 전해줬다.

산천동 부군당의 유래와 대동치성

산천동 부군당의 정확한 역사는 모른다. 동네에서는 200여 년으로 추정하

새부군당안으로
들어와부군님을
모셔오게되었음
을고하는고사를
올리고있다.

고 있다. 산천동 173번지에 자리잡았던 부군당은 대지 14평에 건평 4평 정도의 한 칸 한옥이었다. 당초에는 당 주위에 인가가 거의 없었으나, 개발이 되면서 시야가 막혀 한강도 안 보이게 되고, 주택들이 들어차 한때 행정관청에서 소방도로를 내기 위해 당을 허물겠다고 통보한 적도 있었다. 동네의 반대로 뜻을 이루지는 못했다. 1993년에 용산구청 문화공보실과 협의하여 당을 신축한 적은 있었다.

예전에는 동네에서 추렴하여 보름 전부터 당에 인줄(금줄)을 치고 5-6일씩 굿을 하기도 했다. 굿을 할 경우에는 윈돼지(온돼지)를 통째로 바치게 된다. 동네사람들에게는 국수장국을 준비하여 대접하였다. 점점 구대인(토박이)들이 동네를 떠나고 새로 이주해온 사람들의 무관심으로 굿을 자주 하지 못하고 간단히 고사만 지낸다. 굿을 할 경우도 하루에 끝내게 되었다. 1980년 중반에 동네에 연쇄 화재가 발생하면서 동네 사람들의 관심과 참여도가 높아진 적이 있었다. 부군님을 소홀히 하여 생긴 일이라고 생각했기 때문이다. 그 뒤로 화재가 그치게 된 것은 부군님 덕이라고 본다.

당주할머니는 "부군님이 동네사람들을 다 자신의 백성, 자신의 자손이라고 생각하신다"고 이야기한다. 각 가정에서는 떡을 해도 먼저 부군님께 갖다 바친 후에 먹을 정도로 동네의 믿음이 깊었다고 한다. 부군당 대동치성이 있는 기간에는 출산을 앞둔 산모는 다른 동네로 보내야 했으며, 추렴한 돈은 단돈 10원이라도 함부로 쓸 수 없었다.

1988년까지는 동짓달에 제를 올렸다. 동짓달은 날이 너무 춥기 때문에 1989년부터는 따뜻한 음력 3월 초순에 택일하여 지냈다. 그러다 1993년부터 다시 가을로 바뀐다. 바로 고개를 사이에 두고 있는 용문동의 남이장군대제가 용산구민축제와 연계되어 거행하다 보니 날짜가 매년 유동적이다. 현재 산천동 부군당이 남이장군대제의 꽃받이당이다. 항상 남이장군대제 전날 오전에 대동치성을 드리고 저녁에 꽃받이 행렬을 맞이해야 하는 상황이다. 그래서 '원효로2동 부군당위원회' 회칙에 "매년 음력 10월 1일 거행하되 행정관서의 특별한 행사로 연결요청이 있을 때는 예외로 한다"는 단서 조항을 달아놓았다.

경비 문제로 자주 굿을 할 수 없어 3년마다 하기로 했으나 최근 6년 동안은 전혀 굿을 하지 못했다. 고사식으로 치성만 드릴 때는 초헌관을 보존회 회장이, 아헌관을 관할 동장이, 종헌관은 고문 중에서 맡으며, 축관은 의전지도위원 중에서 맡는다고 역시 회칙에 명기하고 있다.

지킴이

산천동에서 오래 거주했던 이춘흥씨가 당비 추렴에서부터 앞장을 서 왔으며, 잣공장네와 손돌네가 주관이 되어 추렴을 하는 등 부군당에 열성이었다. 함흥집노인네라는 당주가 당 옆에 살면서 자기 돈으로 굿을 벌일 정도로 부군

확분을 새로 손질
하고 있는 부군당
위원회 임원들

당을 지키고 받드는데 헌신적이었다. 함흥집은 시어머니 때부터 부군당에 적극적이었다고 한다.

지금은 정해옥(鄭海玉;79) 만신이 당을 헌신적으로 지키고 있다. 정당주는 황해도 연백이 고향으로 산천동 우씨댁으로 시집와 살면서 부군당에 정성을 들여오다 전 당주였던 신어머니의 대를 이어 당주 책임을 물려받았다. 정당주 역시 마을 주민들의 참여가 적은 상황에서도 사비를 들여가며 당을 유지시키는 등 실질적으로 당치성을 주관해왔다. 경비가 부족하여 대동굿을 하지 못하고 치성만 드릴 경우 항상 부군님께 죄스러운 마음이고, 현재는 강서구청 근처로 이사를 하였지만 부군당에서 걸어 20분 정도 거리인 용문동에 본인 신당을 모셔놓아 항상 부군님 곁을 떠나지 않고 있다. 남이장군대제 꽃받이 일행이 오면 정해옥 만신이 성장을 하고 맏이 하여 준비한 꽃을 건네준다.

동네에서는 1992년 11월 24일 창립총회를 갖고 '산천동 부

새부군당에좌정하신부군님내외

군당의 당집을 유지 보존하고 마을 전주민의 안녕과 재앙을 소멸하기 위한 당제 및 그 사업을 추진 실행하여 부군당에 관한 역사 문화적인 자료를 수집 정리 후세에 물려줄 것'을 목적으로 한 '산천동 부군당 보존사업회'를 출범시킨다. 이춘흥씨를 회장으로 모시고 출범한 이 보존사업회는 1996년 '전 동민적인 의미를 부여하겠다'는 의미를 갖고 명칭을 '원효2동 부군당 보존회'로 다시 개칭한다. 현재는 건강상 96년에 사퇴를 한 이춘흥 회장 후임으로 임창봉(68)씨가 계속 책임을 맡고 있다. 임회장은 원효로4가와 청암동에서 살다가 67년도에 산천동에 정착한 사람이다. 이 인근에서 4대째 산 김태환(57)씨가 총무를 성실하게 수행하고 있다. 회원은 10명이다. 주로 50대가 주축을 이루고 있어 앞으로의 전승에 기대를 가져도 될 것 같다.

제보자 : 임창봉(남. 68세)/ 2000년 10월 25일 대담
정해옥(여, 78세, 만신)/ 2000년 10월 25일 대담
조사 및 참관 : 2000년 10월 25일 부군님 모셔오기/ 2000년 10월 27일(음력 9월 30일) 부군당고사

목적	마을의 안녕과 풍요					
당	이름	부군당	형태	대지:50평 건평:6평	주소	서울특별시 용산구 산천동
	제신	부군님 내외분, 삼불제석				
치성형태	유교식 제사와 고사(굿)			날짜	음력 10월 1일(유동적)	
전승주체	단체	원효2동 부군당 보존회(1992)				
	대표	회장) 임창봉(68) 총무) 김태환(57)			주소	총무)산천동 리버힐 201동 509호
당주	이름	정해옥	성별 나이	여, 78세	주소	
단골만신		정해옥		상동	주소	☎ 712-7569

동빙고동 부군당

2000 년 음력 3 월 15 일(양력 4 월 19 일)이다. 이날은 단군왕검이 승하하자 하늘로 올라가 산신이 되었다고 전하는 어천절이다. 이곳 동빙고동 부군당에서는 이날 마을 치성을 올리고 있었다. 정월 1 월 1 일 새벽에 찾았으나 날짜를 이날로 변경하였다는 이야기만 듣고 발걸음을 돌린 뒤 석달 보름 만이었다. 예년에는 항상 구정 설날 새벽부터 준비를 해왔기 때문에 새벽잠을 설쳐야 하는 발길이었다.

동빙고부군당전경

마을에서는 2000년부터 치성날을 음력 3월 15일로 바꿨다. 이제는 젊은 사람들이 구정날 부군당 대동치성에 잘 참여하지 않게 되어 참석률이 좋은 날로 바꿔야겠다는 상황인식과 단군할아버지도 모시는 부군당 대동치성을 단군을 기리는 날로 바꾸고 싶은 마음이 발동한 결과였다. 이날을 잡기 위해 치성위원들은 고민을 많이 하였고 상의도 많았다. 마침내 사직공원에 있는 단군성전의 헌정회에 자문을 받아 어천절인 3월 15일로 날을 잡은 것이다.

2000년에는 부군당 대동굿을 하지 않고 간단한 치성으로 대체하였다. 굿을 하지 않을 경우에는 화주들만 참석하여 유교식으로 치성을 드린다. 이 경우 동네사람들은 참석하지 않고 화주들만 참석한다. 굿을 하면 만신도 오고 동네 사람들도 모여 풍성한 잔치가 되고… 실질적으로 당주 역할을 하시는 정전염(81) 할머니와 다른 할머니들은 이날 굿(대동굿)을 안한 치성위원들의 결정에 섭섭함을 넘어 불만스러움을 드러내셨다. 기금도 충분하여 굿을 할 수 있었음에도 불구하고 굿을 안한 것이 못내 서운하셨던 것이다. 굿을 해야 부군님도 좋아하시고 다 좋을 것이라는 말씀에서 굿에 대한 선호도와 동빙고 부군당 대동굿이 그간 해왔을 역할과 의미가 유추되기도 하였다. 굿에 대해 좀 더 긍정적이고 친밀한 여인(할머니)들과 그만큼 강렬하지 않은 남정네(할아버지)들간의 차이도 느껴지고, 안정적인 전승을 위해 어렵게 마련된 기금을 잘 관리하고 싶은 치성위원들의 고뇌가 읽혀지는 대목이기도 했다. 특히, 시집온 이후 28살부터 당을 다니며 부군님의 영험함을 직접 목격해온 정할머니의 신심과 굿을 통한 신앙이 인상적이었다.

화주로 결정되면 그 전부터(3개월) 부정을 조심해야 하는 대동치성이다. 그런데 음식을 준비하는 기간 중(3일) 잠을 자다 무의식중에 아내 곁으로 간 화주가 있었다. 신령님의 노함은 치성을 모시기 위해 댓돌에 올라 두루마기를 입는 순간 일어났다. 코피가 쏟아져 흰 두루마기를 붉게 물들이는데 주위 사람들이 얼마나 놀랐는지 모른다. "더럽고 누추하다"고 단군할아버지 할머니가 화를 내신 것으로서 당 안으로 들어서지 말라는 벌이었다는 것이다. 코

큰할머니당의 단군할아버지와 큰마누라

삼불제석에 올린 옥수.삼불제석에는 고기와 술을 못 올린다.대신 옥수를 올리는데 동빙고동과 창전동 공민왕사당의 경우 옥수에 산초를 띄운다.

큰할머니당(윗당)이 있던 자리에 남아있는 느티나무대 감상

피만 쏟아지는 것이 아니라 헛소리까지 하였다. 놀란 만신(당사자의 작은 마누라)이 제물을 잘 차려가지고 부군당에 와 빌고서야 겨우 정상을 되찾을 수 있었다. 그런 일을 직접 목격한 정할머니다. 그러니 신심이 남다를 수밖에 없다.

이런 일도 있었다. 당주할머니의 큰시아주버니가 화주를 할 때였다. 큰동서가 직접 목격한 현장이다. 큰시아주버니가 문지기대감 떡시루 찌는 불에다 담뱃불을 무심코 붙였다. 일을 할 때는 아무 일이 없었는데 치성 당일날 멀쩡하던 사람이 갑자기 헛소리를 하고 주저앉아 큰동서와 주위 사람들이 혼비백산했다. "문전대감님 죄송합니다"고 싹싹 빌며 치성을 드리고서야 씻은 듯이 나을 수 있었다.

이런 부정할 수 없는 영험력을 직접 목격하고 경험하였고, 머리카락이 음식에 떨어질까봐 젊은 여자들의 일하는 모습이 못내 불안하신 할머니로서는 돈이 충분하면 당연히 부군님께 대동굿을 바쳐야 옳다고 믿는 것이다.

여하튼 치성날을 타인의 결정에 의해서가 아니라 마을의 자체 판단과 합의에 의해 변경하였다는 사실은 음미할 대목이다. 신령님과 마을 대표들(당주, 제주)간의 만남이 마을에 생기를 가져다 주고 복덕을 가장 많이 가져다 줄 수 있도록 날짜와 시간을 택일하던(지구가 운행하는 날과 대표의 사주를 맞춰서 택일) 마을굿 전통에서, 번거롭고 힘들다고 어느 한 날짜를 고정해버리던 시대를 거치고, 이제는 그날도 잊어버리게 된 세태이다. 그런데 동빙고동은 전통적으로 변함없이 지켜오던 정월1일을 버리고 단군할아버지·할머니에 맞춰 날을 바꿨다.

물론 동빙고동만 날을 바꾸는 것은 아니다. 근래에 무척 많이 발견되는 현상이기도 하다. 시절의 변화가 큰 요인일 것이다. 그러나 그 변경의 시기는 대개 절기와 생산주기에서 도출되는 날 중에서 왔다갔다한다. 정월 보름에 하던 것을 정월1일로 한다거나, 10월 중 택일하던 마을이 10월1일로 고정시키는 식이다. 그런데 동빙고동은 주신(主神)의 기념일로 정하였다. 이는 부군님이

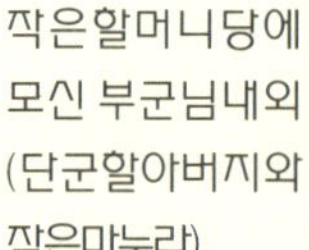

라는 실체보다는 단군님에 초점을 맞춰지게 되어 단군의 의미가 더욱 부각되며, 현시점에서 부군당 치성이 활성화되는 방안을 모색하는 적극적인 재해석으로 볼 수 있어 주목하게 된다.

아침나절 화주들이 의관을 차리고 치성의례를 시작하였다. 간단하지만 술 따르고 고축하고 절하는 식으로 진행된 정결한 의례가 끝나자 정할머니 차례가 되었다. 축문을 단군할아버지·할머니께 불밝힌 촛불에 불 붙여 소지로 올린 뒤 다음과 같은 축원덕담을 비나리식으로 하였다.

"동빙고동 부군당에 날을 바꿔 치성을 올리오니 소례를 대례로 받으시고,

작은할머니당치
성모습

단군할아버지 할머니! 화주들 다 편안하게 해주시고, 대동일
동 다 편안하게 해주시고, 소짓발 있게 해줍시사."

동빙고동과 부군당

동빙고동에는 나라의 제사용으로 쓰일 얼음을 보관하던 동
빙고가 있었다. 원래 동빙고는 지금의 옥수동인 두모포에 있
었으나 연산군10년(1504)에 그의 사냥터를 확장하기 위해
폐지하면서 서빙고의 동쪽, 즉 지금의 동빙고동으로 옮기게
된다.

　동빙고동은 바로 이웃한 서빙고동과 같은 상권이었다. 얼음, 그리고 강과 나루터가 가져다준 물품교역의 경강상업 중심지로 일찍이 자리잡은 듯하다. 현 김종훈 치성위원회 재무의 증언에 의할 것 같으면, 70여년 전(소화3-8년)에 동빙고동에는 정미소가 9개나 있었다고 한다. 주로 북한강과 남한강을 따라 내려오는 경북·충청 내륙(충주의 가흥창)과 강원(원주의 흥원창, 춘천의 소양강창) 지역의 쌀을 주로 도정하는 정미소들이었다. 곡물위탁업을 하는 객주 여각들도 많았다. 그래서 동빙고는 짐을 하역하는 짐꾼들과 뱃사람들로 항상 붐볐으며, 이를 상대로 장사하는 목로주점 등 유흥업이 성하기도 하였다. 경제적으로 부유했던 동빙고동은 문화시설도 첨단을 걸어 그 당시 전화기가 동네에 10대 이상 있었다고 한다. 땅값도 높아 동빙고동 땅 1평 값이 신당동 중앙시장 땅 3평과 맞먹었다. 이런 성세는 중앙선이 생기면서 쇠락한다. 한강을 통한 수로가 끊기고 새로 생긴 철도(중앙선)가 곡물운송을 대신해버렸기 때문이다. 한강이라는 수로를 통해 동빙고동이 누리던 곡물도정업과 위탁업은 화차라는 새로운 운송수단이 등장하자 몰락하고 만다. 중앙선을 통해 화차가 왕십리까지 들어오면서 인근의 신당동 중앙시장으로 상권이 넘어가 버렸다. 동빙고동에서 일하던 짐꾼들은 주로 보광동에 몰려 살았는데, 마을의 경제가 쇠락하게 되자 동빙고동 사람들과 함께 철도청(용산 공작창)과 전력회사(경성전업, 한전의 전신)에 취직하여 생계를 이어갔다. 직장에 기차로 출퇴근하는 이 지역 사람들의 모습을 보고 "까마귀 떼가 나간다"는 말이 생길 정도였다.

　마을에서는 부군당의 역사를 600년 정도로 추정한다. 서기 1391년 한강 연안의 방어신으로, 마을의 안녕 질서를 염원하는 부군신으로 단군성조와 성비를 모시면서부터라고 한다. 매년 음력 정월 초 1일이면 아침부터 호적을 울리며 마지를 올려 굿을 해왔다. 600년에 대한 확실한 근거는 없으나 동빙고가 두모포에서 옮겨오기 전부터 마을은 있었을 것이며, 옮겨온 후에는 빙고를 지키며 관리하는 관리와 종사자들이 중심을 이뤘을 것이며, 경강상

잡아가는 조선 중기 이후
부터는 얼음채 취업자들과
곡물 도정업자들이 중심을
이루며 부군당 치성에 주
축을 이뤘을 것으로 보인
다. 지금도 굿을 좋아하는
층은 자영업을 하는 사람
들이나 바닷가 어민들인데
동빙고동의 경제적 기반으
로 볼 때 굿이 생활의 근간
을 이룰 정도로 뿌리가 깊
었을 것이다. 마을의 안녕
과 풍요를 기원하는 부군

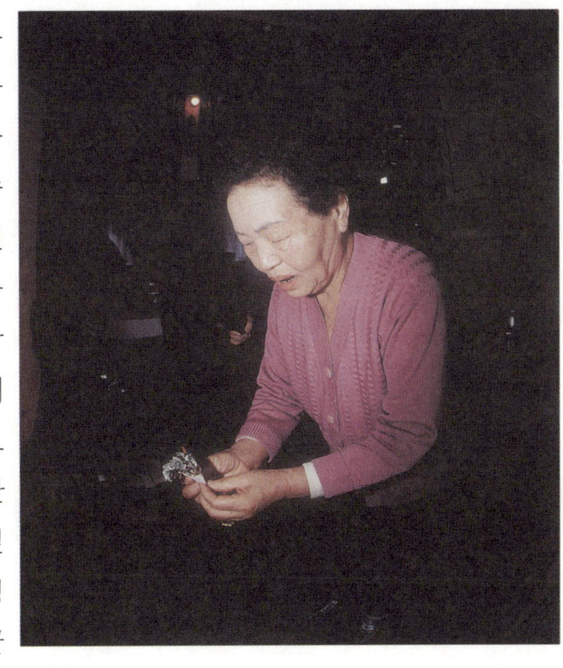

대동소지를 올리
는 정전염(81) 당
할머니

당에 대한 신심과 대동굿의 위세를 가늠하게 하는 조건들이다.

　동빙고동에는 부군당이 2개 있었다. 하나는 언덕바지인 17
번지에 윗당(큰마나님당)이 있었고 현재 남아 있는 지점(62
번지)에 아랫당(작은마나님당)이 있었다. 그런데 6·25때 윗
당이 불타버렸다. 이후 1972년에 아랫당을 개축하면서 윗당의
신상을 함께 모셨다. 이 당시에는 단군내외분, 산신, 공맹선생
등 10개의 신상이 있었다고 한다. 현재의 부군당은 1956년과
1992년에 개보수한 것으로 아랫당의 한쪽(윗당이 있던 방향
쪽)에 2평 정도의 별채를 덧내어 함께 모시고 있다.

　윗당은 큰마나님당이라고도 하는데 단군왕검과 단군왕비(큰
마누라) 화분을 각각 정면에 모신다. 그 옆으로 삼불제석과 별
상, 그리고 이초관을 모시고 있다. 아랫당은 4칸짜리 규모있는
맞배지붕 한옥으로 정면에 단군내외분(작은마누라)을 함께 그

린 화분과 함께 구능(군웅)·마부가 모셔져 있고, 좌측 벽면(참배하는 사람 시각)으로는 삼불제석과 별상이 모셔져 있으며, 우측 벽면에는 산신과 이초관이 모셔져 있다. 이들 신령님들 중 주민들이 가장 두렵고 무섭게 생각하는 신령이 구능님이다. "잘못 모시면 큰일난다"고 여겨, 술을 따를 때 다른 분들에게 술 따르던 동작보다 더 조심스럽고 경건하게 행동하였다.

아랫당 입구 문에는 성주를 모시고 있다. 나뭇가지에 흰 한지를 접어 묶어 놓은 모양이다. 굿을 할 때마다 당을 잘 지켜달라고 성주를 모신다. 그리고 1990년 조사기록에는 왼쪽 구석에 짚신이 하나 놓여 있었는데 신들이 신고 다니는 신발이라고 했다. 1972년 기록에는 터주를 모셨다고 되어 있으나 지금은 보이지 않는다.

치성은 윗당부터 먼저 지내고 아랫당으로 내려온다. 먼저 아침 일찍 다기물을 올리고 촛불을 켠다. 그리고 진설한 다음 마지를 올린다. 치성의례는 아침 일찍(7시쯤) 화주들이 잔을 올리면서 아침치성이 시작된다. 아침치성이 끝나면 동네사람들이 당을 찾아 세배를 드린다. 당에 대한 세배가 끝나야 화주들이 자신의 집으로 가 차례를 지낼 수 있다. 예전에는 동네 전체가 당의 아침치성이 끝나야 각 가정별로 차례를 지냈으나 지금은 화주들만 지켜지고 있다. 점심때는 만신들이 준비해온 쌀을 올리면서 치성을 올린다. 해질녘에 다시 잔을 올리고 화주들이 저녁치성을 드린다. 3회에 걸친 진지 치성의 구조를 보인다.

굿을 할 경우에는 아침 10시 정도에 시작한다. 화주가 만신들을 이끌고 골목골목 돌아온 후에 굿을 시작한다. 오후 5시쯤 끝내게 되고, 굿이 끝나면 저녁치성에 들어간다. 1986년 조사자료에 의하면 아침에 제를 지낼 때 주무가 3~4명의 조무와 4잽이를 데리고 당에 미리 도착하여 아침 해뜨기 전에 치성을 드렸다고 한다. 2000년의 경우 점심과 저녁을 생략하고 아침치성만 드렸다. 낮에 비가 오지 않을 경우에는 씨름판을 벌이기도 했다.

치성 준비는 경로당에서 치성위원들이 모여 일정이나 화주('당주'라고도 함) 선정 등 제반사항을 결정한다. 회의는 섣달 10일쯤 개최한다. 화주는 5명 내외를 뽑는데 홀수로 뽑아야 한다. 화주로 선출되면 몸을 조심해야 하며 치성을 드리고 나서도 3개월 동안 금기를 계속해야 했으나 지금은 지켜지지 않는다. 걸립은 치성 5일 전부터 화주와 정할머니가 함께 동네를 돌면서 한다. 음식 준비는 3일 동안 당에서 한다. 당은 음식조리를 위한 부엌이 마련되어 있다. 절대 간을 보지 않고 조리를 해야 한다. 음식재료와 필요한 준비물들은 화주들이 마장동, 남대문시장 등에서 3일 전에 구입한다. 음식준비는 머리카락이 들어가거나 침이 튀기지 않도록 세심하게 조심한다. 삼불제석과 별상에게는 백설기를 올리고 다른 분들에게는 시루떡이 올라간다. 시루는 16개를 준비했었으나 지금은 6개로 줄어들었다. 돼지의 경우, 예전에는 검은 돼지만 썼고 그 창자로 순대를 만들었으나 지금은 머리만 쓰고 있다.

2000년의 경우 치성의례는 아침 일찍 정할머니가 다기물을 올리고 진설과 술을 따르는 것으로 시작하였다. 삼불제석에는 옥수를 올리는데 옥수에 통후추를 7~8개 띄워놓았다. 당 안의 각 신위 뿐만 아니라 당 대문 입구에 수문장대감상을 차려놓았고, 당 문앞에는 댄주상을 중앙에 추가로 차려놓았다. 댄주상 옆으로 걸립대감상을, 그리고 윗당 쪽을 향하여 느티나무대감상(윗당에 있던 신목)도 차려놓았다. 치성시간이 되면 화주들이 모두 의관(두루마기에 갓)을 갖추고 윗당부터 시작하였다. 먼저 위원장의 헌작에 이어 축관의 고축이 있었다. 술을 따를 때는 3번에 나눠서 하고 퇴주할 때는 단번에 끝냈다. 고축이 끝나자 일동 4배 하였다. 예전에는 임금에게 4배를 했으니 시조신인 단군왕검에게도 4배 한다는 설명이다.

윗당의 치성이 이렇게 끝나면 벽을 사이에 둔 아랫당으로 모두 내려갔다. 윗당과 마찬가지 방식으로 되풀이되었다. 축문의 내용도 같았다. 일동 4배가 끝나자 정할머니가 소지를 올렸다. 그리고 음복 겸 아침식사에 들어갔다.

굿을 하지 않을 경우 현재 200여만 원 정도 경비가 소요된다. 굿을 못하는 가장 큰 이유는 경제적인 문제다. 만신들이 요구하는 액수와 마을의 자금사정

아침치성을 끝내
고기념사진을 찍
은 치성위원들
(2000)

이 맞지 않기 때문이다. 치성경비는 추렴했었다. 현재는 치성
위원들이 조성한 기금이 충분하여 그것을 바탕으로 크게 힘들
이지 않고 치러내는 상태다. 2000년의 경우 100여 집이 추렴
에 응하였고 구청에서 일부 지원금이 있었다.

지킴이

동빙고동 부군당은 경로당의 치성위원들이 관장하고 있다.
현재는 치성위원들이 화주도 겸하는 실정이다. 활성화를 위해
2000년부터는 60대로 확충하는 작업을 진행하고 있다 한다.
현재 치성위원은 이칠만(81), 오윤식(76), 이영근(76), 경원
직(72), 김종훈(73)이다. 고문은 장기덕옹이고 위원장은 이
칠만옹이 맡고 있다. 이위원장은 직장생활을 하다 은퇴하고
경로당일과 부군당 일을 보면서 말년을 보내는 분이다. 김종
훈(73)이 재무를 맡아 기록과 기금관리를 담당한다. 김종훈

은 치성을 드릴 때 축관 역할도 한다. 한문으로 된 축문을 한글로 바꾸기 위해 옥편을 찾아가며 직접 해석하여 준비해 놓은 상태다. 재무를 맡은 지는 15년이 되었는데 처음 맡을 당시는 재정상황이 아주 어려웠다고 한다. 그 동안 이칠만 위원장과 김재무, 경완직 그리고 작고한 최태영씨가 애를 써 지금의 충분한 기금을 조성할 수 있었다. 치성위원이 5명이었으나 2000년에 들어 전승과 활성화를 위해 60대로 자격을 확충하는 중이다.

이미 작고하였지만 전 치성위원들로 부군당에 헌신적이었던 분으로는 김태평, 장갑성, 박춘성, 최태영, 김근만 등이 대표적이다. 장갑성과 박춘성은 순대국 끓이는데 재주를 보여 그 맛이 일품이었다고 한다. 최태영은 살아있을 때 당할아버지라 불릴 정도로 당에 헌신적이었으며 당관리를 책임졌었다. 현재 그 임무를 부인인 정할머니가 이어받고 있다. 최씨 집안은 대대로 당과 깊은 인연을 갖고 있다. 동빙고동에 6대째 살아온 집안으로 큰할머니당과 작은할머니당을 합치는 개보수 작업 때 이분의 작은아버지가 중심이었다는 말이 있다.

현재 당관리와 치성 음식을 책임지고 있는 분이 정전염 할머니(81)다. 이태원에서 태어나 동빙고동의 최씨 집안으로 시집온 할머니는 26살에 첫아이를 낳고 28살부터 당에 다니기 시작하였다. 남편인 최태영이 작고하였을 때 3년, 친정아버지가 돌아가셨을 때 3년을 제외하고는 이제껏 한 해도 거르지 않고 당치성에 참여해왔다. "동네 유지고 당에 댕기다 보니 끄트머리는 내 앞으로 떨어지는구려 글쎄"라고 당과의 인연을 회고한다. 윗당(할머니는 '큰도당'과 '큰할머니당'을 혼용하여 표현한다)에는 큰마나님을 혼자 모셨는데 아랫당에서 모든 준비를 해서 지고 이고 잽이 붙어 올라가 모셔야만 했다. 추운 날씨에 비탈길을 오르면서 미끄러지던 것이 진절머리가 나 "한 쪽 귀퉁이여도 좋으니까 열루(현재의 당. 할머니는 '작은할머니당'이라고 표현한다) 내리 모셔달라"고 해 옮겨오게 되었다고 한다. 그 일이 30년 전이다. 고령임에도 불구하고 음식조리와 상차림을 책임지고 있다. 후계자를 한

음복 겸 아침식사.

사람 지정하기는 했지만 모른다고 잘 나타나지 않는 상태다. 젊은 사람들이 조리하면 일하는 모습이 아주 불만족스럽다는 정할머니다. 음식에 머리카락 떨어지는 것을 가장 경계한다. 2000년의 경우 3월15일로 치성일이 바뀌자 정할머니는 그냥 넘어가기가 그래서 정월 초1일 간단하게 산적하고 약주를 올렸다고 한다.

　단골 만신은 동빙고동에 살다가 보광동으로 이사한 남옥씨(동네에서는 '당주'라고 부르고 있다)이다. 이분은 서빙고동 부군당의 단골만신이기도 하다. 근래에 굿을 하지 않기 때문이어서인지 2000년 치성에는 참석하지 않았다.

제보자 : 이칠만(남, 81), 김종훈(남, 73), 정전염(여, 81) / 2000년 4월 19일
조사 및 참관 : 2000년 4월 19일 부군당 치성

목적	마을의 안녕과 풍요				
당	이름	부군당	형태	대지:39평 당:24평 큰당:3평	주소	서울특별시 용산구 동빙고동 62번지
	제신	단군왕검, 구능, 산신, 삼불제석, 별상, 이초관, 마부				
치성형태	굿, 유교식 고사			날짜	음력 3월15일(연1회)	
전승주체	단체	동빙고동 부군당 치성위원회				
	대표	이칠만(남, 81) 치성위원장 김종훈(남, 73) 재무담당		주소	서울시 동빙고동 ☎ 793-3683 서울시 동빙고동 ☎ 793-1001	
당주	이름	정전염	성별 나이	여, 81세	주소	무직, ☎ 793-8191
단골만신				상동	주소	

서빙고 부군당

굳게 닫힌 대문도 부족하여 쇠창살문이 2중으로 덧잠겨 있고, 한쪽 기둥엔 세콤이란 영문글자도 선명하던 부군당 대문이었다. 그 문이 그날 아침만은 활짝 열려 있었다. 세콤의 작동도 해제되었고, 쇠창살문도 열리고 대문도 활짝 열려 아담하고 격조있게 느껴지는 3평 정도의 부군당건물이 멋지게 보인

서빙고부군당전경.문을닫으면3태극이선명하게나타난다.

대동치성을 드리기 위해 괌질한 모습. 이태조 내외 분영정을 모시고 있다(2001)

다. 담너머로 바라볼 땐 삼태극문양을 선명하게 드러내며 굳게 닫혀 있던 부군당문이었는데 그날은 삼태극문양은 보이지 않고 안에 풍성하게 진설된 제물들만 눈에 다가왔다. 우측으로 눈길을 돌리자 지난 연말에 수리한다던 하주청에 인기척이 느껴졌다. 맞배지붕을 얹은 육중한 하주청의 부엌부터 살펴보았다. 서울시 민속자료 제2호인 건물에 빗물이 새기 시작하고 지붕이 기울어지기 시작하자 노인회장님이 2년에 걸쳐 담당공무원들을 닦달하여 마침내 수리를 끝낸 하주청이다. 부엌 입구는 음식준비하다 버렸을 물이 살짝 얼어 있어 전날의 분위기를 전하고 있었다.

　하주청은 깔끔하게 단장되어 있었다. 인상 깊은 모습은 가마솥을 걸어논 아궁이였다. 아궁이마다 가스버너가 하나씩 설치되어 있고 가스공급을 위한 고무호스줄이 뒤뜰 가스통과 정연하게 연결되어 있었다. 바닥이 구멍난 가마솥은 버리지 않고 하주청 창고에 그대로 보관하는 대신 같은 사이즈의 새 가마솥을 다시 설치하되 불 때는 방식은 현대적으로 맞춰가는 감각! 전혀 어색해 보이지 않았다. 권유에 못 이겨 들어선 방바닥은 따뜻하기 그지없었다. 전기로 작동하는 장판바닥은 건물 자체가 주는 고풍미에 압도되어 마치 장작불을 땐 온돌방처럼 따끈한 정취를 만들어내고 있었다.

그런데, 노인회장님이 그 방에 설치된 전화로 사람들을 호출했음에도 불구하고 치성시간은 넘어가고 있었다. 섭섭한 마음을 뒤로 하고 세 분 치성위원들이 흰색 두루마기를 차려 입은 후 부군당으로 건너갔다. 70년대 초반에는 경로당 노인 중에서 20여 분이 제관으로 뽑혀 치성에 참여하였고, 86년만 하더라로 9명의 치성위원이 치성에 참여하였다는 기록을 보았고, 섣달 그믐날부터 음식준비로 밤새워 잔치분위기였다는 추억을 전해들은 참관인의 눈에는 쓸쓸하도록 너무 단출한 행렬이었다. 부군당 건물의 위용과는 너무 대조적인 참석률에 참관인까지 실망스러움을… 미리 예비답사를 통해 실상은 전해들었지만 치성위원들까지 불참자가 생기는 것은 좀 의외였다.

유교식으로 간단하게 치성을 올리고 난 치성위원들은 기념촬영에 들어갔다. 구청에 보고용으로 쓸 사진이었다. 용산구청으로부터 매년 치성보조금으로 100만 원씩 지원금을 받고 있는데 그 결과를 며칠 후에는 보고해야 하기 때문이다. 방으로 돌아온 제관들은 흰 두루마기를 벗고 늦은 아침식사에 들어갔다. 밤새워 하주청을 지켰던 분의 낯설었던 지난 잠자리가 아침상의 정겨운 화제였다. 식사에 들어갈 즈음에 몇 사람 나타나 막걸리잔을 음복 삼아 서로 주고받자 자리가 좀 푸근해졌다. 식사를 끝내고 한남동 부군당굿 현장으로 가기 위해 하직인사를 드리고 나오는 순간이었다. 음식으로 보이는 간단한 보자기를 든 젊은 남자가 대문을 들어서 바로 부군당으로 향하였다. 개인적으로 부군당에 세배를 드리러 온 젊은이였던 것이다. 이 희미한 서빙고 부군당의 자발적인 신심의 발걸음을 보는 순간 이제껏 실망스럽던 마음에 좀 위안이 되었다. 하루종일 자발적으로 이렇게 세배를 드리러 오는 동네사람이 아주 없지는 않다는 노인회장님의 말씀이 돌아서는 발걸음을 조금은 가볍게 해 주었다.

부군당의 유래와 대동치성

  서빙고 부군당의 위용을 꼽으라면 부지의 넓이나 건물의 크기보다도 부군당 기둥에 걸려 있는 현판을 들 것이다. 3개의 현판중 '崇禎紀元 上之十三季 乙亥四月十八日 重建(숭정기원 상지십삼계을해사월십팔일 중건)'이라는 기록이 이 부군당의 역사를 증명해주는 확실한 근거 역할을 하여 이 부군당이 서울시민속자료로 지정되게 만들었다. 서기 1635 년(인조 13 년)에 중건하였다는 이 기록과 주신(主神)으로 모시는 태조 이성계의 조선창업시기를 감안한다면 건립시기를 확실하게 500여 년 전으로 추정할 수 있기 때문이다. 한편 중건기에는 중건에 큰 역할을 한 그 당시 주요인물의 관직명과 이름이 적혀 있는데 13명 중 퇴직한 오위장 1, 첨사 3, 절충 1, 별장 1 등 무관출신이 6 명이나 되고 그 중 수군인 첨사가 3명이나 되는 것으로 보아 서빙고에 사는 주민들의 성향을 짐작하게 만든다. 주민구성이나 생활이 한강과 밀접한 관계를 갖고 있었음을 확인시켜주는 기록들이다. 상당한 고위직 출신의 인물들이 부군당 중건의 중심인물로 참여하고 있다는 것은 이 지역 지배층이 실질적으로 전통적인 토착신앙과 이를 의지해 살아가는 민간인들의 토대와 그 힘에서 자유롭지 못했다는 근거이기도 할 것이다.

  서빙고는 조선초기부터 한강의 얼음을 채취하여 보관하던 얼음창고가 있던 곳이다. 성현의 『용재총화』에 의하면 서빙고에는 8 개의 얼음창고를 두어 궁중의 부엌용으로 쓰고 나머지는 백관과 죄수에게까지 나눠줬다고 한다. 관에서 관리하는 얼음창고 이외에 민간인이 상업적 목적으로 만든 얼음창고도 있었다. 많을 때는 30여 개에 이르렀다고 한다. 한강을 통해 운반 집적되는 어물에 쓰일 얼음의 수요는 항상 많았다. 제빙업자들의 조합인 빙계중(氷??中)까지 있었으며 얼음값을 조작하기 위해 정조 10년(1786)에는 그 많은 사설 얼음창고를 8개만 남기고 다 없애버리기도 했다.

3헌관이 일동 재배하는 모습.

게다가 조선후기에 들어서면 서빙고에 서빙고진이 설치되는데 나루터로서의 역할이 컸다는 뜻이다. 건너편 동작진과 나룻배로 연결되어 수원과 통하는 교통의 요지 역할을 하였다. 교통의 요지에다 얼음이라는 독특한 상품을 갖고 있었던 서빙고는 경강상업 중심지 중의 하나로 부상하였다. 현재의 규모로 부군당을 조성할 수 있었던 경제적, 신앙적 토대가 어떠했는지 짐작되는 대목들이다.

원래 서빙고 부군당은 지금의 자리가 아니었다. 현 미팔군 사령부 앞 둔지산이 원래 자리다. 한일합방 전후에 일본군이 훈련장을 만들면서 부군당을 쫓아냈다. 옮겨온 곳이 현 경로당 바로 뒤 옛날 보안사 서빙고분실 자리였다. 서빙고분실이 들어오면서 현재의 위치로 또 쫓겨오게 된다. 미8군 사령부 앞은 지금 쓰레기장이 돼 있고 서빙고분실 자리는 공터가 되어 있다.

현재 부군당은 대지가 80여 평으로 화주청이 15평 정도 본당 앞 마당이 10여 평 된다. 화주청은 제기나 물품을 관리하는 창고와 음식을 조리하는 부엌, 그리고 제관들이 기거할 수 있는 방이 각각 하나씩 있다. 본당에 모시고 있는 신위는 태조 이성계와 강씨부인을 정면에, 우측(참배인 시각으로)으로 삼불제석, 이렇게 3분이 화분으로 조성되어 있다. 터주신을 모시는 단이 본당 밖 우측 담벽에 설치되어 있다. 예전에는 터주가리를 만들어 세웠으나 지금은 30cm정도 높이의 비석으로 대치한 상태다.

부군당 제사 지내는 것을 '치성드린다'고 표현한다. 치성일은 매년 정월1일 오전 10시경이다. 과거 치성준비는 한 달 전부터 시작되었다. 제관으로 뽑히면 한 달 전부터 목욕재계에 들어가고 부부관계도 금했다. 부군당 대문에 금줄을 쳐 잡인출입을 막았다. 집집마다 추렴한 치성금으로 음식을 장만하여 그믐날 부군당 하주청에서 음식조리와 떡을 한다. 치성금이 많을 때는 소도 잡고 돼지도 잡았다.

설날 아침 제관들이 모여 오전에 치성을 드리는데 초헌, 독축, 아천, 종헌, 부군당소지 3장, 사례 등 유교식으로 진행되었으며, 마지막으로 당할머니가

터주님께올린시
루

치성비를 낸 가정마다 소지를 올려주었다. 참석자들이 음복을
한 다음에 가정마다 반기를 돌렸었다. 집안 일을 전폐하고 부
군당 치성에 임해야 했으며, 부군당에 와 세배를 드리고 나서
야 집에 돌아가 차례도 지내고 세배도 다닐 수 있었다. 그믐날
부터 부군당 치성을 중심으로 동네잔치가 벌어지곤 하였다.

요즈음은 참석자들이 많지 않기 때문에 대동회의를 할 필요
도 없다고 한다. 2-3일 전에 당청소를 한다. 청소는 동사무소
소속 공익근무요원의 힘을 빌린다. 3-4일 전에 치성금을 받
으러 다니며, 2일 전에 경동시장에서 시장을 봐온다. 몇십 년
전까지만 해도 타지로 이사가 사는 사람들이 치성일 이틀이나
삼일 전에 찾아와 치성금을 낼 정도로 호응이 좋았기 때문에
자금이 풍부하게 돌아갔으나 지금은 전무하며, 동네에서 치성

치성을 끝내고 기념촬영.좌측이채병묵 노인회장,중앙이 이상규 치성위원장.

금을 자발적으로 갖다 주는 사람이 10가구 정도, 방문하면 마지못해 응하는 사람이 15집 전후라고 한다. 반기를 원하는 사람들이 지금도 있는데 자발적으로 치성금을 갖다 주는 집들이다.

돼지머리. 시루떡, 곶감, 대추, 배, 숙주나물, 고사리나물 등 삼색실과와 나물로 제물을 준비하는데 시루떡을 3개 준비해야 한다. 태조 내외분에게 하나, 삼불제석에 하나, 터주대감에 하나씩 올리기 위해서다. 모두 다 팥시루떡으로 준비한다. 삼불제석에게도 팥시루떡이다. 지금은 방앗간에서 맞춰온다. 반기는 원하는 집에 돌리고 있다. 주로 치성금을 자발적으로 낸 가정들이다.

대동굿을 하기도 했다. 3년마다 굿을 하다 1994년에 한 굿이 마지막이됐다. 굿을 하게 되면 단골만신인 남옥씨에게 날짜를 잡는다. 설날에 하는 것이 아니다. 굿을 하는 해에도 설날은 평소대로 부군당에서 치성을 드리고 굿은 잡힌 날짜에 따로 한다. 일 년 중 가장 좋은 날로 택일하기 때문에 칠월칠석이 되기도 하고 대중없다. 순전히 경제적인 이유 때문에 굿이 중단되었는데 동네에서는 앞으로 굿할 가능성은 없다고 단언하고 있다. 이를 예견하고 1994년 후손에게 기록으로 남기기 위해 비디오로 담아 보관하고 있다. 용산구청 문화공보과에도 기록용으로 하나 보냈다. 축문도 분실을 우려하여 여러 장 복사를 하여 보관하고 있다. 이제는 축문을 새로 작성할 문장가들도 없고 분실되면 대책이 없을 것 같아 대비한다는 설명이다. 이를 다 챙기고 있는 사람이 현노인회장인 채병묵옹이다.

동네에서는 서빙고동이 크게 쇠락한 시기를 반포대교의 가설로 보고 있다. 반포대교와 연결되는 대로가 동네의 상당부분을 잠식하고 나눠버려 동네가 면모를 잃어버렸다는 것이다. 그래도 아직 토박이들이 많이 살고 있지만 부군당 치성에 잘 나서지 않는 특성을 보이고 있다. 지금도 맡은 바 있다. 부군당을 관장하고 있는 치성위원회의 구성원들은 대부분 서빙고에 들어와 산 지 40여 년 전후인 타향출신들이다. 이들은 토박이들에게 "굴러온 돌이 박힌 돌을 뽑는다고 너희들은 왜 그렇게 힘이 없냐?"고 핀잔을 줘도 반응이 신통치 않다는 것이다. 선친 때부터 부군당에 정성을 드렸던 집의 자손으로 40후반에 몇 사람 관심을 갖고 있지만 미미한 상태라는 것이다.

지킴이

본당에 보관 중인 다른 현판(150여 년 전으로 추정)에 의할 것 같으면 노인계(老人楔)가 당을 보수하였다고 기록하고 있다. 계를 중심으로 한 마을원로들에 의해 당 관리와 치성이 주도되었음을 알 수 있다. 그러다 어느 시기에 부군당 치성위원회가 결성되어 그 임무를 인계받는다. 현재 치성위원들이 "부군당하고 같이 내려왔다"고 말하는 것으로 보아 상당히 오래된 조직이라는 판단이다. 위원은 서빙고동 거주 주민들 중에서 덕망있는 사람으로 선출하는데 평생직으로서 작고하면 그 자손이나 다른 사람으로 충원된다. 전에는 인원이 많았는데 많은 사람이 교회를 다니게 되고 동네가 행정적으로 나누어지면서 대폭 줄어들었다. 현재 위원은 5명으로 채병묵(경로회장). 이상규(용인출신, 1964년부터 서빙고동에 산다), 허재필, 김봉근, 성내세씨다. 위원장은 이상규지만 실질적으로 부군당 치성을 이어가는 중심 지킴이는 채병묵 노인 회장으로 보인다.

채회장은 고향이 영변인 월남인으로 피난와 서빙고동에 살면서 부군당 치성위원장도 맡은 바 있다. 경로당회장을 맡다 보니 자연스럽게 부군당치성에 관계하게 된 결과다. 보통 경노당회장이 치성위원장직을 맡아왔기 때문이다. 채회장은 월남인임에도 불구하고 동네분쟁의 조정자 역할도 훌륭히 수행해 왔으며, 부군당 관리에 적극적이다. 화주청에 전기시설을 하였으며, 시청과 구청을 쫓아다니며 2회에 걸쳐 대대적인 개보수 작업을 이끌어낸 바 있다, 이 사실을 기록한 현판을 새로 만들었으며 대문의 덧철문과 세콤장치도 가설하였다.

도난방지시설을 하게 된 직접적인 계기는 중학교 2-3학년 여학생들이 화주청에 숨어들어 담배피우고 술먹는 일이 자주 생기고, 남학생이 여학생을 데리고 들어가 화주청에 비치한 이불을 태우는 사건이 생겨 이를 방지하기 위한 조치였다. 세콤장치를 하니 남학생들의 월담이 사라졌다고 한다. 관이 문화재로만 지정을 해놓고 너무 무관심하다고 느끼는 채회장은 문제가 생길 때마다 구청과 시청을 방문하여 문제해결에 적극적으로 대처하여 그나마 주민들의 무관심으로부터 부군당과 치성의 맥을 지켜가고 있는 소중한 분이다. 동네에서 40~50년 살다보니까 애정도 생기고 전문가들이 가끔 찾아와 어려운 상황에서들 고생이 많다고 "고맙다"는 말 한 마디에 보람도 느낀다는 소감이다. 허맥련, 백수옥, 황치욱 순으로 지킴이의 맥이 이어졌으며 채회장이 그 다음을 이어가고 있다.

당할머니라고 불리는 당주가 아직도 생존해 계시기는 하나 연로하여 신경을 못 쓰고 있는 상태다. 하영엄마(93)라는 할머니로 부군당일이라면 발벗고 나섰으며, 음식준비와 진설을 책임졌던 분이었다. 단골만신도 현재 생존중이다. 78살이 되는 남옥씨로 동빙고동에 살다 지금은 보광동에서 살고 있다. 굿이 끊긴 상태이기 때문에 치성에 참여할 기회가 사라진 셈이다.

서빙고 분실이 철수하고 공터로 남아 있으니까 다시 그 자리로 왔으면 좋겠다는 희망사항을 갖고 있다. 지금의 자리는 지대가 낮아 묻혀 있는 꼴인데 원래 신령은 높은 데에 계셔야 한다는 이유를 근거로 제시하였다.

목적		마을의 안녕과 풍요				
당	이름	부군당	형태	대지:80평 본당:2평 한옥 화주청:15평	주소	서울특별시 용산구 서빙고동 200-2번지
	제신	태조이성계, 강씨부인, 삼불제석				
치성형태		유교식제례, 굿		날짜	음력 1월1일(연1회), 굿은 택일	
전승주체	단체	서빙고동 부군당 치성위원회				
	대표	이상규			주소	서울특별시 용산구 서빙고동
당주	이름	채병묵	성별 나이	남, 70세	주소	서울특별시 용산구 서빙고동 138 ☎ 796-5364
단골만신		남옥씨		여, 78세	주소	서울특별시 용산구 보광동

청암동 부군당 / 이성계 영당

용산구에는 한강변으로 청암동이란 동네가 있다. 원효로를 따라 원효대교 쪽으로 진행하다 대교를 건너기 바로 직전 우회전을 하여 2km 쯤 가다보면 마포대교와의 사이에 청암동이 나온다. 이 청암동에서도 매년 음력 10월 초하루에 어김없이 마을치성을 올리고 있다. 2000년10월 초하루에도 대동치성이 올려졌다. 낮에 분주히 마련한 음식을 진설하고 오후 7시 경쯤 동장의 참석하에 거행되었다.

치성 준비는 며칠 전부터 이미 시작되었었다. '청암동 부군당'과 '이성계 영당'을 한 울타리 안에 품고 있는 당 입구

청암동 부군당과 이태조영당전경. 우측지붕이부군당이고좌측지붕이영당이다.

에 3일 전 왼새끼 꼬아 인줄을 쳤으며, 좌우로 3무더기의 황토를 뿌려 부정을 막는 등 예전의 전통과 정신을 회복하려 애쓴 흔적이 뚜렷했다. 그 전에 당에 페인트도 칠했었고, 12분 신령님 화분(무신도)을 걸어둘 화분걸이도 새로 수리하는 등 준비가 꽤 많았다. 청암동 부군당의 유래, 그리고 이름을 알지 못하고 있는 신령님들의 실체를 알아 자료화하려는 시도도 몇 년에 걸쳐 죽 진행되고 있다. 이 모든 사업을 추진하고 있는 중심이 '청암동 부군당 보존회' 정춘택 회장이다.

정회장은 당일 날에도 직접 나서서 음식 나르고 차일도 치는 등 솔선하여 대동치성 준비에 분주하였다. 많은 숫자는 아니지만 노인이든 장년이든 가리지 않고 회원들이 회장님과 함께 호흡을 맞췄다. 당 입구 널찍 보도에 차일도 치고, 보존회 회원이 관계하는 지역 풍물패도 불러 풍물소리를 내는 등 제법 잔치 분위기를 만들려 애쓰고 있었다.

이제 막 배우기 시작한 실력들이어서인지 능숙한 가락들은 아니지만 신명을 내보려 애쓰는 풍물소리 속으로 지금도 한 동네같이 교류하고 서로 신경쓰는 '원효2동 부군당 보존위원회' 임원들, 지역 유지들, 몇몇 동민들이 속속 스며들어 부조금을 내고 막걸리잔을 기울이기 시작하였다. 뭔가 어설프다는 느낌은 떨칠 수 없었지만 30여 명 정도가 모여 단출하게 지내는 정성일망정 전통의 맥과 정신을 이어보려는 마음과 의지는 강하게 전해왔다.

먼저 이성계 영당에 유교식으로 축문을 읽으며 제를 지낸 다음 바로 벽을 사이에 두고 뒤에 자리잡은 부군당에서 유교식 제를 올렸다. 부군당의 경우는 몇 년째 청암동 대동치성에 참석하고 있는 만신(윤지순)이 마을대표들의 유교식 절차(축문은 없었다)가 끝난 다음 바로 이어받았다. 치성 고사덕담을 앉은거리로 하면서 동네사람들에게 오방기도 뽑아 공수도 주는 등 1시간 남짓 진행하였다. 청암동에는 토박이들이 많지 않다. 자꾸 개발이 되다 보니 토박이들이 많이 떠났고 관심도 줄어들어 여러 모로 대동치성을 이어가는데 애로가 많다는 것이다.

청암동 부군당과 이성계 영당 치성

예전에는 제주(祭主)를 토박이 중에서 깨끗한 사람으로 선정하고, 집집마다 정성껏 내는 추렴금으로 마을에서 대동치성을 드렸으나, 1986년 이전에 이미 청암동 노인회로 넘어가 노인회에서 돈을 걷어 주관했다. 이마저도 무당에게 위탁하여 맡겨버린 다음 몇몇 노인만 참관하게 된다. 이처럼 명맥만 유지하다가 1997년에 정춘택 회장의 발의로 보존회를 결성하고 활성화와 보존 노력에 진력하는 중이다.

청암동은 강변으로 바윗돌이 많았다고 한다. 언덕바지 밑으로 바로 한강이 흐르고 있어 경치가 일품이어 일찍이 성안의 권세가 소유의 정자들이 많았다. 특히, 택리지에 의할 것 같으면 태조 이성계가 경치구경을 위해 이곳을 자주 행차했다고 한다. 조선 건국초에는 동네 앞으로 강물이 흐르지 않고 백사장이었다. 물줄기는 여의도 샛강으로 흘렀고, 대신 용산강부터

곰질을 위해 제물을 나르고 있는 보존회 회원들

영당에 향으로 부정을 쳐주는 윤지순 만신

양화대교 앞까지 큰 호수가 져 있어 연꽃 등 많은 꽃들이 피고 새가 많이 찾아와 경치가 일품이었다는 것이다. 백사장은 군사훈련장으로 활용되기도 하였다. 청암동 산기슭에는 훈련도감 군인들의 급료를 보관하던 별영창도 있었다.

일제 때는 암근정(岩根町)이라 불렀고, 1955년부터는 한때 이 지역에 있는 심원정(心遠亭)이란 정자에서 이름을 따와 심원동이라 부를 정도로 바위와 정자가 상징적인 동네였다. 그러나 지금은 그 정취를 찾을 수 없다. 정자들은 대부분 사라져 고층 아파트나 주택이 빽빽이 들어섰으며, 강변북로가 생기면서 길이 나고 축대를 쌓아 메워버려 바위의 정취도 느끼기 힘들다.

현재 부군당은 청암동 169번지 인근에 자리하고 있다. 청암동 노인정과 건물이 맞붙어 있고 노인정에서 관리한다. 이 부군당을 불당이라고도 하는데, 화재예방을 목적으로 세웠다는 설이 있다. 역사를 추론할 순 없지만 당집은 기와집으로 대청마루가 있고 양쪽에 방이 있던 큰 건물이었으나 6·25, 서울수복 때 포격으로 불타 없어졌다. 이후 당건물을 새로 지었다. 지금의 당은 기와로 8각지붕을 얹었지만 규모가 2평도 채

안 될 정도로 협소하다.

부군님, 삼불제석, 칠성, 용왕, 산신 등 12분의 신령을 화분에 그려 모시고 있으며, 촛대와 향로와 신칼이 전해지고 있다. 6·25 전에는 정월 대보름에 만신을 모셔다 대동굿을 했다고 한다.

보존회가 결성되고서는 초헌관은 경로당회장, 아헌관은 동장이나 구의원, 종헌관은 보존회회장을 당연직으로 한 유교식 제를 지내고 난 다음, 이어서 초빙한 만신이 고사식으로 간단히 축원을 한다. 제물은 만신이 조리하여 준비하고 노인당에서는 참석자들이 먹을 음식준비를 한다. 경비는 노인회, 동네의 각종 친목조직, 부군당 보존회의 성금과 약간의 구청지원금으로 충당하고 있다.

청암동에서는 부군당에만 치성을 드리는 것이 아니라 이성계 사당(永堂)에도 함께 제를 지낸다. 현재 이성계 영당이 부군당과 같은 장소에 벽을 대고 붙어 있지만 옮겨온 것으로서 원래는 길 건너편 암반 위에 있었을 것으로 추정하고 있다. 대지 100여 평에 건평 12평 정도였으나 현재는 1평 정도로 협소하다. 청암동 일대는 전주이씨 문중땅이 많았다고 한다. 영당은 1940년경에 옮겨온 것으로 알려져 있으나 상량문에는 정미년(1967)으로 되어 있다. 영당 안에는 이태조 영정만 중앙에 모셔져 있고, 그 아래에 제단이 마련되어 있다. 제는 축문이 포함된 유교식 제례다. 제관은 부군당 치성 때와 같다.

지킴이

청암동 부군당 보존회 정춘택(70) 회장은 청암동이 외가동네고 고향은 옥수동이다. 현재는 청암동(149번지)에 살고 있으며 노인회장도 맡고 있다. 청암동 부군당에 관심을 갖게 된 계기는 산천동 부군당 때문이었다. 산천동 새마을금고 이사장을 하고 있던 시절 산천동 부군당 역사를 추적하게 되었다. 산천동 부군당은 1962년부터 고개너머에 있는 옆마을 용문동의 남이장군대제 꽃받이당 역할을 해오고 있다. 남이장군대제가 서울시의 대표적인 마을축

치성을 위해 준비중인 부군당 내부 전경. 당이 비좁아 치성을 드릴 때는 당문을 연 후, 화분걸이를 덧
대어 밖으로 내건다. 상차림은 마무리되지 않은 모습이다.

제로 인정을 받고 주목받으면서 산천동에서는 신경을 써야 했다. 많은 사람의 손님접대 등 제반 준비와 경비 문제가 현안으로 등장했기 때문이다. 정춘택씨가 관여를 하게 된 것은 이런 현안을 함께 논의하면서부터다.

개인적으로 관심이 생겨 산천동 부군당 역사에 대한 조사를 시작하였으며, 청암동, 원효로, 신창동 등 인근 지역의 마을 부군당을 찾아다녔다. 청암동 부군당과 인연을 맺게 된 계기였다. 서울시 민속대관, 용산구지 등 자료조사와 전주이씨 종친회 등 단체를 방문하는 등 나름대로 연구를 거듭하고 있다. 산천동부군당 일에 관여하면서 함께 일을 보던 위원들이 한결같이 우리가 살아있으니까 이렇게라도 제사를 지내지 우리가 간다면 후세들이 뭐가 뭔지 모른다. 그러니까 후세들이 알 수 있도록 기록을 남겨주자"란 생각이었고, 정회장 역시 이와 같은 상황인식이 보존회를 결성한 동기이며, 산천동에서 동네

영당에 유례식으로 치성을 드리고 있는 보존회 임원들

일을 스스럼없이 나서서 하게된 계기가 다행이었다고 덧붙이고 있다. 산천동의 경우는 1992년에 '산천동 부군당 보존사업회'를 결성하게 되고 정회장도 그 태동에 일조하였다.

2000년 대동치성 때 초빙된 만신은 윤지순(67)이다. 전라도가 고향으로 청암동에 이사와 신당을 모시고 살다가 몇 년 전에 옆 신창동으로 이사하였다. 청암동에 살 때 대동치성에 초빙된 것이 인연이 되어 이사하고서도 계속 맡고 있다.

제보자 : 정춘택(남, 70세) /2000년 8월 14일
　　　　윤지순(여, 67세) /2000년 10월 28일
조사 및 참관 : 2000년 10월 28일(음 10.1) 대동굿

<table>
<tr><td>목적</td><td colspan="5">마을의 안녕과 풍요, 그리고 화재 예방</td></tr>
<tr><td rowspan="3">당</td><td rowspan="2">이름</td><td>부군당(불당)</td><td rowspan="2">형태</td><td>대지:10평
건평 2평 한옥</td><td>주소</td><td>서울특별시 용산구 청암동 169</td></tr>
<tr><td>이성계영당</td><td>건평 2평 한옥</td><td></td><td>서울특별시 용산구 청암동 169</td></tr>
<tr><td>제신</td><td colspan="4">부군님, 산신, 삼불제석, 용왕, 칠성, 오방신장 등 12신위</td></tr>
<tr><td>치성형태</td><td colspan="3">고사 및 유교식 제례</td><td>날짜</td><td>음력 정월1일(연1회)</td></tr>
<tr><td rowspan="2">전승주체</td><td>단체</td><td colspan="4">청암동 부군당 보존회(1997)</td></tr>
<tr><td>대표</td><td>회장)정춘택
총무)</td><td></td><td>주소</td><td>회장)용산구 청암동 149
☎ 703-2346, 011-9880-2348</td></tr>
<tr><td>화주</td><td rowspan="2">이름</td><td rowspan="2">성별
나이</td><td></td><td>주소</td><td></td></tr>
<tr><td>단골만신</td><td>윤지순</td><td>여. 67세</td><td>주소</td><td>서울 용산구 신창동 ☎ 701-5700</td></tr>
</table>

용문동 남이장군 사당

해가 석양을 넘어가자 용산로 쪽으로부터 풍물소리가 올라
오기 시작했다. 조금 지나자 '남이장군대제', '남이장군사당
제보존회'라는 깃발, 그리고 '용기'가 청사초롱의 호위를 받
으며 산천동 부군당 쪽으로 너울거리기 시작하였다. 그 뒤로
번쩍이는 칼을 찬 장군행렬이 따르자 화려하게 성장한 무당일
행이 뒤를 이었다. 물론 취타대와 풍물패도 행렬의 끝을 감싸
올리며 한 몫 잊지 않았다.

이 행렬의 중심은 두 사람이 메고 가는 꽃가마였다. 붉고 둥

남이장군사당(부
군당)전경

글게 만든 연꽃이 가마에 실려 있고, 그 연꽃 속에는 오색으로 만 꽃이 꽂혀 있었다. 굿을 하면 신단에 바치는 꽃, 서울 지역의 마을 당안에 꽂아놓는 그런 꽃이었다. 연꽃 가운데에 꽂힌 오색꽃, 그 모습은 아버지의 눈을 뜨게 하기 위해 인당수에 빠져죽은 심청이가 용왕의 구원으로 연꽃을 타고 살아나는 그 장면을 연상시켰다. 행렬 주위도 분주하였다. 구경 나온 주민들 사이로 넥타이를 점잖게 맨 양복차림의 귀빈들이 행렬과 보조를 맞추려 조용히 움직였다. 이리 뛰고 저리 뛰는 카메라플래시와 비디오조명이 이 행렬의 성격과 분위기에 간을 맞추고 있었다.

장군이 말을 타지 않고 걸어오는 등 예년에 비해 행렬의 규모나 위세가 많이 가라앉은 느낌도 있지만 한 걸음 한 걸음 내딛는 장군의 발걸음, 그리고 풍채에서 풍겨나오는 위풍당당함은 여전했다. 남이장군님으로 분장을 하였기 때문도 있겠지만 서울시 무형문화재로 지정받은 용문동 남이장군대제가 갖는 힘이기도 할 것이다. 산천동 부군당으로 꽃을 맞으러 오는 용문동 남이장군대제의 꽃맞이 행렬은 내 동네처럼 아무 거리낌 없이 이렇게 2000년에도 산천동을 찾고 있었다.

새로 옮겨 지은 산천동 부군당 앞에 도달하자 깃대를 하얗게 감싼 용기가 먼저 대문을 들어서 당 마당 한가운데에 떡 버티고 섰다. 이어 꽃가마가 들어서고 만신이 뒤를 따랐다. 이 모든 모습을 당 앞에서 죽 지켜보던 산천동 부군당 당주가 큰머리로 성장한 채 의젓하게 일행을 맞이하였다. 용문동의 만신은 먼저 부군당에 두 손 모아 예를 갖춘 다음 가마의 꽃을 받쳐들었다. 산천동의 당주 만신도 미리 준비해둔 꽃을 받쳐들었다. 그리고 서로 마주 본 다음 꽃을 두 손으로 공손하게 잡고 선채로 동시에 3배 합장을 하였다. 그리고 부군당을 향하여 돌아선 다음 산천부군님에게 같은 자세로 예를 갖췄다. 그리고 꽃 교환이 이뤄졌다.

용문동 만신은 바꿔든 산천동의 꽃을 다시 흰 종이로 감싼 다음 연꽃에다 올려놓았다. 이 꽃 교환의식이 끝나자 용문동의 제주일행이 당 안으로 들어와 잔을 올리며 꽃을 받으러 왔다는 신고를 하였다. 집사는 주인인 산천동 당주 만신 일행이 해주었다. 음복이 이어졌다. 당 안에 들어왔던 사람들뿐만 아니라 구청장도 음복 일행이었다. 그리고 하루 종일 산천동 주민들이 준비해둔 음식을 들며 두 동네가 서로 어울렸다. 구경왔던 구경꾼들과 카메라맨들도 음식잔치에 한 축 거들었다. 배들이 채워지자 풍물소리가 한 바탕 흥을 돋워보았으나 신명이 오래 가지는 않았다. 일정 때문인지 행렬은 장시간 놀이판을 벌일 여유가 없는 것 같았다. 일행은 다시 아까처럼 대형을 갖추고 바로 고개 너머에 있는 용문동 남이장군 사당을 향하여 발길을 내디뎠다. 당문 밖으로 나오지 않은 채 산천동 당주는 일행을 배웅하였다. 남이장군 사당에 도착한 일행은 용기를 남이장군 영정 옆에 세우고 산천동에서 가져온 꽃을 바쳤다. 그리고 제주 일행이 잔 올리면서 간단한 제를 지냈다.

다음날 아침부터 당굿이 남이장군 사당 마당에서 벌어졌다. 대문 밖에 쳐진 숯과 고추 달린 금줄, 여러 개의 대형 가마솥, 그리고 당으로 오르는 입구 대로변에 설치된 주민을 위한 음식접대 천막과 죽 늘어선 이동화장실은 큰 잔치마당 분위기였다. 그러나 구경꾼들의 반응과 굿판의 분위기는 왠지 꽉찬 느낌이 아니었다. 푸짐하고 넉넉한 마을 대동잔치보다 행사 위주로 흐른다는 지적이 제기되고, 마을민들의 직접 참여가 줄어들면서 생기는 현상일 것이다.

용문동 남이장군대제는 서울의 여느 마을치성과는 차원을 달리한다. 참석 인원과 내용, 그리고 일정에 있어 그렇다. 4-5일에 걸쳐 이뤄지는 긴 일정, 매년 치러지는 대동굿판, 구청 차원에서 치러지는 정기적인 연례행사(마을 단위를 이미 벗어났다), 서울에서는 유일하게 유지되고 있는 풍물패에·의한 마을걸립, 서울특별시 무형문화재(제20호)로 지정된 마을 대동치성이란 특성이 그 규모와 위세를 달리하게 만드는 요인일 것이다.

전통적인 마을굿은 관으로부터 긍정적인 대접을 받지 못했었다. 그러나 마을공동체의 실질적인 구심체로서 그 통합력과 문화전승력, 생산력증대 및 경제활성화 역할 등 여러 가지 긍정적인 가치를 가지고 있었다. 안타깝게도 현

용기.부군대느름대라고도한다.

남이장군대제를 알리는 플랭카드. 서울시내에서 이뤄지는 마을굿현장에서는 흔히 목격할 수 있는 풍속도가 되었다.

재 대다수 서울의 마을굿들은 마을공동체의 구심력 역할을 잃어버렸다. 긍정적인 가치들도 그 잔영만을 힘겹게 유지하는 형편이다. 그러나 남이장군대제는 동차원이 아니라 서울시의 공인하에 구청 차원에서 이뤄지는 행사로 자리를 잡았다. 예전의 마을굿이 처한 외부조건보다 훨씬 좋은 조건을 갖춘 셈이다. 이 호조건을 바탕으로 마을굿이 수행했던 긍정적인 가치들을 그대로 유지하며 발휘할 수만 있다면 이상적인 모델이 될 것이다.

용문동과 남이장군대제

남이장군 사당은 용산로2가 한강변에 위치한다. 산천동과 고개를 사이에 두고 있는 용문동을 배경으로 해방 후에 조성된 시장의 상권과 오래 전부터 거주해온 사람들이 남이장군 사당의 신앙토대다. 상인들이 상업의 흥성을 기원하는 비중도 크

산천동 사람들이 음식준비를 끝내고 남이장군대제 꽃받기행렬을 기다리고 있다. (2000)

다.

용문동 사람들의 남이장군 사당에 대한 신심은 각별했다. 모시는 남이장군은 귀신을 볼 줄 아는 인물로 여겼으며, 남이장군이 동네를 편안케 하고, 잡병이 들지 않게 한다고 믿었다. 4월1일 대제 때는 한 달 전부터 남이장군의 말발굽 소리가 들렸다는 말도 전해온다. 월남 가서 죽어온 사람이 전혀 없었고, 6·25때 당 주위가 온통 불이 났으나 당은 무사했던 것은 다 남이장군 덕분이라고 믿었다.

남이장군 사당은 본시 원효로2가 거제산(7번지)이라는 작은 산에 있었다고 한다. 1904년에 현재의 위치로 옮기게 되는데 전차가 생기고 길이 확장되면서 소란스러워지자 조용한 곳을 찾은 결과였다. 옮기기 전에 남이장군이 동네의 어느 분께 당을 옮겨달라고 현몽을 하였다고 하며, 동네에서는 추렴으로 그 경비를 충당했다.

가마에태운큰연
꽃에꽂혀있는용
문동부군당의꽃

남이장군은 1442년에 출생하여 1468년 유자광의 모함으로 20대의 청춘에 참수당한 실존 인물인데 죽어서 신격화된 경우다. 17세에 무과에 급제하였고, 이시애난과 변방을 괴롭히던 만주의 이만주(여진족) 세력을 평정하고 격파했던 무장이었다. 세조의 총애를 받아 26세란 나이에 이미 병조판서에까지 올랐던 뛰어난 청년장수였다. 예종이 등극하고 모함을 받아 한강의 새남터에서 참형당했다. 거제산에 남이장군 사당에 세워지고 그 일대의 사람들에 의해 수호신으로 받들어진 것은 남이장군이 모병을 하여 훈련시킨 장소가 용산이고 죽음을 맞이한 새남터도 용산의 한강변이란 인연과 관계있는 것으로 보인다.

옛날에는 용산 일대에 기운 센 장사들이 많이 배출되었다. 3대째 당을 모셨던 최용식씨의 기억에도 일제시대까지 원효로 4가나 산천동 등에는 기골이 장대한 사람들이 많았다고 한다.

바로 이웃한 마포나루와 뱃길을 통해 뱃사람 등 힘센 사람이 많
이 모였을 것으로 추측하는데. 이들도 남이장군을 추앙하고 받
드는 한 축이었을 것으로 보기도 한다.

　치성은 4 월초, 7 월 1 일, 10 월 1 일 연 3 회였다. 4 월 1 일에
는 3년마다 한 번씩 대제라 하여 당굿을 3일에 걸쳐 하였다. 평

용문동부군당꽃
과교환하기위해
산천동부군당꽃
을들고나서는산
천동부군당당주
정해옥만신

소에는 제물만 차리고 간단히 제만 올렸다.

1972년 조사에 의하면 치성은 15일 전 동회를 열었으며, 생기복덕에 입각한 2인의 제관을 뽑았다. 한 사람은 제주가 되고 다른 한 사람은 집사(화주)가 됐다. 제주는 당치성을 주관하는 한편, 제주 집이 도가가 되어 제수를 장만했다. 동회가 끝나면 바로 당과 제주집의 출입문에 금줄을 치고 황토를 펴 부정을 가렸다. 3일 전이면 제주가 당에 조라를 모신다. 치성당일이 되면 밤11시경에 진설을 하여 자정에 3헌, 독축, 소지(대동소지 1매, 각 호 소지 1매씩), 음복의 순으로 의례를 거행한다. 다음날 동민들이 한 자리에 모여 함께 나눠 먹으며 결산을 했다.

당굿을 할 경우에는 동회, 걸립, 당굿, 사례치성(제)의 순으로 진행됐다. 역시 15일 전에 동회가 열렸다. 당굿의 규모와 비용, 제관 외에 화주 12명을 더 선출한다. 결정이 나면 그 날로 걸립에 들어갔다. 걸립은 당에서부터 시작한다. '부군대' 혹은 '느림대'라고도 하는 용기를 앞세우고 풍물을 울리며 동네 가가호호(400여 호)를 돌았다. 목표액이 나올 때까지 하는데 보통 3~4일이 걸렸다고 한다. 걸립에 응한 가정에서는 소반에 흰 백지를 깔고 쌀을 수북이 부어놓은 다음 엮시 쌀을 수복히 쌓은 대주의 밥그릇을 올리고 숟가락을 꽂고 실 한 타래를 감아놓는다. 촛불도 양 옆에 켜는데 이를 '꽃반'이라 한다. 용기를 잡는 대잡이는 항상 하던 사람이 했는데 시장이나 넓은 공터에 이르면 용기를 가로 뉘어 크게 양 옆으로 휩쓸어 돌리며 흥취를 높이는 '부군놀음'도 했다. 아이들(100여 명)과 동민(50~60명)들이 걸립패를 따르며 춤추며 놀았으며, 청하면 타동이라도 걸립을 갔다고 한다.

치성일 자정이 되면 보통 때처럼 제주에 의한 유교식 치성의례가 행해졌다. 당굿은 아침에 시작되었다. 당 앞에서 주당물림부터 시작하여 유가에 들어갔다. 유가는 용등 2개를 앞세우고 걸립 때처럼 용기를 선두로 장군기('南怡將軍祠堂'라 쓴 길이 3m 깃발), 만신과 잽이 일행, 풍물패, 제관 및 남이장군 사당보존회 임원들이 따랐다. 유가 중에 남이장군 사당과 가장 가까이에 있는

꽃 교환을 끝내고 남이장군대제 일행이 산천동 부군당에 간단한 예를 갖추는 모습

굿청. 축하화환이 뒤에 보인다.

이웃 당인 신창동부군당(현 성심여고 뒤편)에 가서 꽃받기를 해왔다. 이웃 당의 여신을 초청해 오는 의식이다. 꽃받기를 해다가 남이장군님의 공수를 듣는 '부군놀음'을 하였다. 그리고 군웅거리 다음 여흥으로 무감을 서며 한참 놀다가 날이 어두워지면 '황제푸리'에 들어갔다. 황제푸리는 당굿을 할 때나 집을 크게 지어 성주를 할 때 등 특수한 경우에만 하는 한양굿의 독특한 절차다. 당굿의 경우 추가되는 제물이 있는데 검은 돼지 한 마리였다. 굿을 할 때 만신이이 통돼지를 등에 지고 춤을 추게 된다. 만신은 할 때마다 바뀌어 일정하지 않았다고 한다.

3일에 걸친 당굿이 끝나면 3일 후에 사례치성을 지냈다. 제관과 화주들만 모여 도가에서 제주의 지휘로 간소하게 제물을 마련하여 자정에 맞춰 지낸다. 역시 삼헌과 독축, 소지(대동소지 1매, 각 호 소지 1매씩), 음복의 순으로 치성을 마치면 새벽 3시가 되었다고 한다.

당굿을 하게 되면 시장이 철시를 하고 모든 동민이 개인업무를 중단한 채 당에 모두 올라 온 동네가 대동잔치마당이 되었었다고 한다. 그러던 것이 1972년을 마지막으로 당굿이 중단되었다. 이를 민속학자 김태곤 교수가 복원을 시도하여 드디어 1983년에 서울특별시와 문예진흥원의 후원을 받아 장군 출진 장면을 새로 연출하여 3일간에 걸친 당굿을 하게 되었다. 1984년에는 서울시로부터 서울지역 대표적인 축제로 지정받고, 1985년에 문예진흥원이 축제 명칭을 '남이장군대제'라 결정하여 지금까지 쓰이고 있다. 1992년에는 사당 담장을 새로 만들고 입구를 정비하였다. 1999년에는 서울특별시 무형문화재 제20호로 지정을 받게된다.

이 과정에서 치성의 절차와 성격에 변화가 왔다. 4월에 하던 당굿이 10월달로 바뀌었다. 용산구 차원의 구민축제로 성격부여가 되면서 가을로 옮긴 것이다. 일정도 용산구와 협의하에 결정되기 때문에 매년 바뀐다. 7월의 치성은 폐지되었다. 대신 3년마다 하던 당굿을 매년 하게 되었다. 걸립은 변함없이 하고 있으나 일정이 꽃받기와 바로 연결될 수 있도록 조정하였다. 꽃받기의 경우는 치성 당일날 아침에 유가를 돌면서 하던 의식인데 가장행렬의 성격이 가미되어 100여 개의 꽃등을 켜고 사당 – 용문시장 – 원효로 – 산천동 부군 당 – 원효전화국앞 – 용문시장 – 사당의 코스를 밟아 오며, 그 전날 한다. 자정에 올리던 당제(당치성)도 오전 10시경으로 옮겼다. 외부인들의 참관을 고려한 결정으로 보인다. 당제가 끝나면 '장군 출진'이라는 새로운 형식을 만들어 효창운동장 – 숙명여대 – 남영동 – 삼각지 – 용산역 – 전자상가를 돌아온다. 기존의 유가개념이 가장행렬과 시가행진의 개념으로 바뀌고, 용문동 차원에서 용산구 전역으로 영역과 성격이 확대되었다. 장군 출진행렬이 사당에 도착하면 당굿에 들어간다. 사례제는 다음날 바로 지내게 된다. 또 다른 변화는 제주가 지역 행정관청의 장으로 바뀌었다. 1999년의 경우 용산구청장이 초헌관을 하고 남이장군대제사업 회장이 아헌관을 하였으며, 의령남씨 종친회장이 종헌관을 하였다.

그리고 대제가 끝나면 제관과 임원 몇 사람이 경기도 화성군 비봉면 남전리의 함박골에 있는 남이장군의 묘에 가 간단한 제를 올리고 온다. 1971년에 용문동 사람들이 이 묘역을 정비한 적이 있는데 그 이후에 생긴 의식으로 보인다.

당집인 사당은 3칸짜리 맞배한옥 건물로 안에는 전면 중앙과 좌우 벽면에 많은 신상을 모시고 있다. 120cm정도 높이로 선반을 올리고 위 아래로 신상을 모시는데 위에는 주요한 분들을 모시고 아래에는 장군의 여러 제장과 말명의 신상이 모셔져 있다.

지킴이

용문동 주민들은 일찍부터 조직을 결성하여 사당보존과 정성어린 치성의 맥을 이으려 노력하였다. 1945년 해방과 더불어 장군의 충절을 계몽 선양할 필요성에 공감한 동네유지들이 모여 치성에 대한 개선점과 사당수리와 보존에 대해 논의한다. 1950년에 접어들면 당굿을 위한 걸립을 시작한다. 마침내

남이장군대제가 다 끝나고 반기를 돌리기 위해 음식을 나눠 싸고 있다.

1955년에 정관을 마련하여 '남충무공사우 보존위원회'를 결성한다. 임기 3년의 위원장(1), 부위원장(2), 총무(1), 재무(1), 서기(1), 감사(1), 제전(7), 운영(3) 의 역할을 분담한 조직이었다. 취지에 동참하는 용문동 거주 주민이면 남녀 모두 회원이 될 수 있었다. 이 단체를 '남이장군사당보존위원회'로 부르기도 하였다.

1973년부터 1989년까지 이 보존위원회의 회장을 맡았던 최용식은 3대째 당을 모셔온 사람으로 수십 회에 걸쳐 제주를 하였으며, 김태곤 교수와 함께 남이장군 당굿을 다시 복원시키는데 주역이었다. 강대현, 김봉식, 백광남, 진해붕 등도 제관 및 화주로 당을 보존하고 당치성을 이어온 역대 어른들이다. 1967년부터 당에 살면서 당을 관리해온 김옥자(여)도 기억할 사람이다.

이 보존위원회는 1989년에 남이장군대제사업회' 로 조직이 개편된다. 남이장군대제로 명칭이 바뀌는 등 성격과 상황이 변화된 결과다. 첫 회장을 권칠진이 맡았다. 역대 위원장과 회장을 고문으로 모시고 회장, 부회장, 총무, 부녀부장 등 임원과 30여 명의 운영위원을 구성하여 활동하고 있다.

남이장군대제가 서울시의 무형문화재로 지정되고, 80년대에 대표적인 서울의 향토축제로 공인받을 수 있었던 것은 용문동민들이 남이장군의 용맹과 그 신통력에 대한 굳건한 믿음을 바탕으로 일찍부터 조직력을 바탕으로 치성을 굳건하게 이어왔기 때문일 것이다.

<table>
<tr><td>목적</td><td colspan="2" >마을의 안녕과 풍요, 용문시장 사람들의 흥업</td><td></td><td colspan="2"></td></tr>
<tr><td rowspan="2">당</td><td>이름</td><td>남이장군사당</td><td>형태</td><td>대지:89평
당:10평 3칸 한옥
관리숙소:10여평</td><td>주소</td><td>서울특별시 용산구 용문동 106번지</td></tr>
<tr><td>제신</td><td colspan="5">남이장군, 부군대감내외, 최영장군내외, 호구아씨, 삼불제석, 천신대감, 맹인내외, 산신내외, 여러 하졸화상</td></tr>
<tr><td>치성형태</td><td colspan="3">굿, 유교식 치성 병행</td><td>날짜</td><td colspan="2">음력 4월1일, 10월(연2회)</td></tr>
<tr><td rowspan="2">전승주체</td><td>단체</td><td colspan="5">남이장군대제사업회 ☎ 703-4466, 712-9830</td></tr>
<tr><td>대표</td><td>손종규 회장</td><td></td><td>64세,무인생</td><td>주소</td><td>서울시 용문동 32-59
☎ 712-9830</td></tr>
<tr><td>당주</td><td colspan="2"></td><td>회장</td><td></td><td>주소</td><td></td></tr>
<tr><td rowspan="2">단골만신</td><td rowspan="2">이름</td><td colspan="2"></td><td rowspan="2">성별
나이</td><td colspan="2"></td></tr>
<tr><td colspan="2">이명옥</td><td>여. 64, 무녀 서울시 지정문화재 기능보유자</td><td>주소</td></tr>
</table>

창전동 공민왕사당

서울에서 공민왕을 동네의 수호신으로 추앙하는 곳이 2군데 있다. 종묘 안에 있는 공민왕사당이 그 하나고 마포구 창전동의 공민왕사당이 그 하나다. 종묘 안의 공민왕신당은 이태조의 명에 의해 건립한 사당인데 비해 창전동 공민왕사당은 순수 민간에 의해 조성되었다는 차이를 보이지만 지역 주민들의 정신적인 구심체로서 대동치성의 대상이 되고 있다는 점에서는 차이가 없다.

2000년 음력 9월 30일 저녁 공민왕사당 바로 옆에 있는

삼불제석

창전동 노인당을 찾았을 때 치성준비로 분주하였다. 이미 주요한 제물들은 조리가 끝난 상태였고, 다음날 노인잔치에 쓸 음식준비에 여념들이 없었다. 음식을 하고 있는 사람들은 세 아주머니였다. 새마을부녀회의 회장단인 이분들은 몇 년째 대동치성에 열심인 주민들로서 다음날 치성현장에서 한복을 곱게 차려입고 공로패를 받은 주인공들이기도 했다. 그 중에 충청북도에서 시집왔다는 이춘호(57)님은 10여 년 넘게 대동치성 음식준비에 헌신적인 분이다. 치성기간과 달거리가 겹치지 않도록 약을 먹으며 참가한 적도 있었다고 한다. 음식하는 방식과 내용은 이미 고인이 된 동네할머니들로부터 이어받았으며, 이제는 후배들에게 가르치는 입장이다. 후배뻘인 박영숙님은 매년 직장을 며칠씩 쉬면서 음식준비에 참여하고 있다. 동네 장년 남자 몇 사람이 가스버너 관리 등 남정네 일을 하면서 준비를 돕고 있었다. 조리법이나 진설방식에 대한 친절한 설명과 돈에 구애됨 없이 자신의 생각과 재주를 총동원하여 평생의 작품이 될 한옥을 죽기 전에 하나 남기고 싶다는 문화재 전문미장공 곽우근(60) 통장님에게 사당의 유례와 절차 등에 대해 듣고 있는 동안 동장님도 나타나고 노인회장님도 나타나는 등 제관들이 속속 도착하였다.

노인당에서 준비가 한창일 때, 공민왕사당의 넓은 마당에 서있는 신목에 만신들로 보이는 여자들이 살며시 와 분위기를 살피다가 막걸리를 부어 신심을 표하고 황망히 떠나가는 모습도 목격되었다.

밤 11시(子時)가 넘어가자 검정돼지가 커다란 직사각형 반에 통째로 놓인 채 네 명의 장정들에 의해 산신단으로 옮겨졌다. 공민왕사당 뒤쪽 담벼락을 사이에 두고 위쪽에 자리한 산신단은 시멘트로 단이 만들어져 있었다. 평소에는 문을 닫아 놓아 들어오기 전에는 그곳이 산신단인지 전혀 알 수 없는 모습이었다. 제관과 함께 동네 남자들도 산신단에 들어섰다. 예전엔 제관이 아니면 절대 출입이 통제됐을 텐데 현재의 변화상이다. 제단 위에 머리가 오른쪽으로 가도록 통돼지를 올리고, 그 앞에 통북어 한 마리를 올린 산신시루를 올렸다. 시루와 같은 줄에 3색실과를 한꺼번에 담은 접시가 하나 놓였다. 그리

제물을 준비하고 있는 이춘호(右), 박영숙(中), 이복자(左). 이춘호는 매년제물준비를 맡아수고한다.

고 양 옆에 촛불을 밝혔다. 단 아래에 향상을 놓고 향로를 올린 다음 향을 피워 꽂았다.

"아무나 향을 피우는 게 아냐. 제 지내는 사람이 피우는 거지"

제가 시작되었다. 참신례, 초헌례, 독축이 끝나자 잔을 내려 산제당 구석에 3회 나누어 뿌렸다. 잔은 올리지 않은 채 두번째 제관(동장)이 절을 올렸다. 그 다음이었다. 사회를 겸하던 축관이 잔들 올리고 싶은 사람들은 잔 올리고 절하세요"라며 참관인들의 참례를 유도하였다. 그러자

초헌관 : 산신제예요. 산신제에는 없어요.
축관 : 아 올리고 싶은 사람은 올리면 되지...
어떤 참관인 : 철상하면 되지

초헌관 : 철상하세요

축관 : 음복들 하셔 그러면.

참관인 : 음복은 해야지.

참관인들 : "아 막걸리맛이 좋네", "추운데 한 잔 해", "아! 이 대추보고
　　　　　안 먹으면 늙는 다는데", "잔이 너무 작어. 전에는 대작으로 따랐는
　　　　　데. "

　산신제에 참가하였던 동민들이 노인당 2층 치성 준비장소로 다시 돌아와
음복을 하였다. 미리 와 대기하고 있던 동네 정육점 주인이 산신제물로 올려
졌던 통돼지를 해체하여 끓고 있는 물통에 담갔다.

　다음날 아침 결코 좁다 할 수 없는 공민왕사당 일대는 잔치분위기로 바뀌었
다. 손님을 맞는 50~60대의 와우회회원들의 인사를 받으며 마포구청장, 인
근 은행지점장들, 마포문화원장, 파출소장, 지역구 국회의원보좌관 등등 외빈
들이 속속 도착하였다. 동장은 제관차림을 하고 제관석에 미리 앉아 있는 상
태였다. 새마을부녀회원들이 한복을 입고 음식 준비 등 뒷일에 열심인 동안
동네 할머니들이 속속 도착하여 50여 명쯤 마당에 자리를 잡았으며, 장년들
이 20여 명, 그만큼의 할아버지들도 자리를 함께 하였다. 취재진들도 10여
명 보였다. 공고된 시간이 되자 대동제 식전행사가 진행되었다.

　창전동 대동제를 주관하고 있는 마동수 와우회 총무의 사회로 내빈소개, 와
우회장의 인사말, 구청장축사, 문화원장의 격려사, 제관소개로 식순이 끝나자
공민왕과 노국공주에 대한 제례가 시작되었다. 와우회장의 인사말에서는 창
전동의 대동제가 공민왕당제를 모체로 했음을 밝히고 "작년에 보던 얼굴을
대부분 보는 것으로 보아 작년 한 해 큰 사고 없이 무사히 지낸 것 같다"는 소
감을 피력하였다.

　6명의 제관은 사당 안으로 들어가 해왔던 방식대로 제를 지내나갔다. 몰려
든 카메라와 비디오로 인해 운신이 불편했으나 제관들은 개의치않았다. 제 절

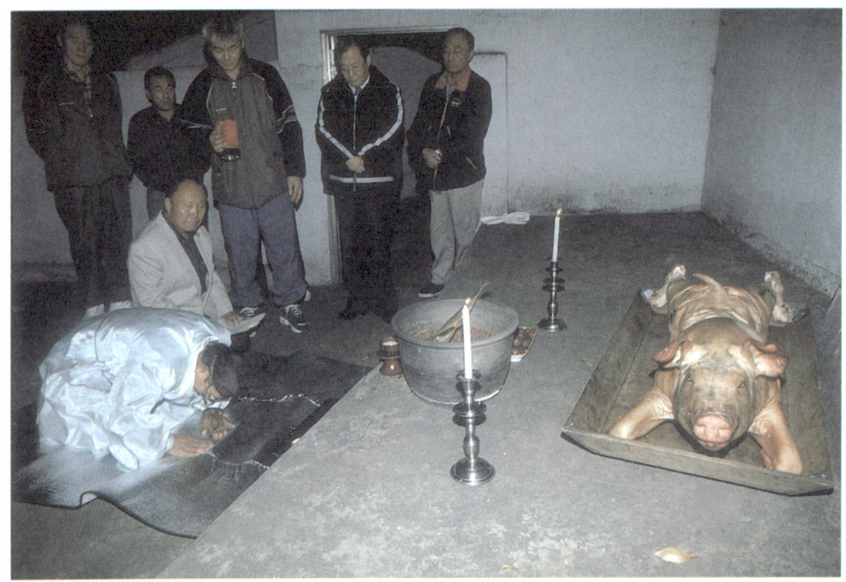

산신제를 지내는 모습.통돼지를 올린다.

산신제가 끝나고 음복하는 제관들

산신제를 마친 주
민들이 밤참 겸 음
복하고 있다.

차에 대한 약간의 이견이 오고간 것을 제외하고는 무리없는 진
행이었다. 제를 지내고 있는 동안 식순이 거행됐던 마당은 음
식상이 차려지고, 참석자와 동네사람들이 어울려 점심식사에
들어갔다.

　음복 겸 식사를 하고 있는 동안 80 가까워 보이는 할머니 한
분이 사당에 오르더니 제관들이 올렸던 술잔을 다 비운 다음
공민왕, 노국공주, 최영장군, 마부 순으로 자신이 따로 준비해
온 소주를 올리기 시작하였다. 이미 켜있었던 촛불마저 끄고
자신의 초로 바꿔서 꽂은 다음 역시 자신이 준비해온 향에 불
을 붙여 향로에 꽂았다. 그리고 당신의 방식대로 배례를 하였
다. 할머니의 모습은 아주 자연스럽고 당당하였다.

부군당 유래 및 치성 절차

　공민왕사당은 창전동의 와우산 아래 옛날 광흥창터에 있다.

공민왕사당전경.
대문에 삼태극이
선명하다.

한강을 통해 올라오는 세곡미 중 관리들의 봉록미는 서강나루에 하역하여 광흥창터에 보관하였다. 창고가 커서 태창이라고도 했던 이 창고는 태조 원년부터 설치되었다. '창전동'이란 이 창고 때문에 생긴 이름이다.

공민왕사당의 유래담이 전하는데 어느날 어느 창고지기의 꿈에 위의를 갖춘 공민왕이 나타나셨다. 왕이 젊었을 때 이곳에 와서 그림을 그리며 서강의 경치를 관상한 적이 있는데 자주 올 예정이니 쉬어갈 곳을 저 언덕 위에 세우면 서강포구와 마을이 크게 번창할 것이라는 말을 남기고 사라졌다. 창고지기는 공민왕이 가르키던 장소에 자비로 사당을 짓게 된다. 그후 자연스럽게 서강포구와 창전동의 수호신으로 경배를 받게 되어 삼남지방의 세곡선들이 도착하면 으레히 사당에 들러 뱃길의 무사함을 기원하였다. 마을에서도 매년 음력 10월 1일이면 마을치성을 사당에 올렸다. 공민왕 모시는 행위가 역적으로 몰리지 않기 위해 제위신(삼불제석. 마을에서 어떤 스

님에게 명칭을 물어보니 부처님
이 아니기 때문에 삼불제석이라
하면 안 된다고 해 '제위신'
이라 부르는 사람이 있다)들을
모셔놓고 신당 또는 당이라고 부
르다가 정몽주 등 고려의 충신
들이 복권되던 시기인 조선 후
반기 1790년에 '공민왕사당'
이라고 이름을 바꿨다고 한다. 6 ·
25 때 공습으로 사당이 파괴된
적이 있다.

우물시루. 이 우
물은 상수도가 생
기기 전까지만 해
도 창전동 일원의
유명한 식수원이
었다.

　사당은 2칸짜리 목조한옥으로
대지가 30여 평이다. 50여 평에서 줄어든 상태다. 사당 안 정
면 벽면에는 공민왕과 노국공주의 영정이 각각 모셔져 있다.
좌측 벽면에는 최영장군과 마부가 오른쪽 벽면에는 불신동자
와 마부가 각각 모셔져 있는데 양쪽 마부는 높이가 한 단 낮게
걸려 있다. 최영장군상은 원래 공민왕의 애마를 그린 애마도
였으나 무당들이 당제에 참가하면서 최영장군이라 부르기 시
작했다는 것이다. 1980년대에 화분을 새로 조성한 적이 있고,
2000년에 다시 그려 모셨다. 사당은 산신터을 포함하여 불럭
담이 쳐져 있으며 정문에는 삼태극이 그려져 있다.

　산신당이 또 있다. 원래 와우산(산의 형상이 소가 누워 있는
모습이라 하여 붙은 이름)의 소 앞발자리로 추정하는 자리에
있던 바위가 산신터자리였다. 그 바위에서 산신제를 모셨는데
주위에 무허가 건물이 난립하게 되자 제를 더이상 모실 수 없
어 1968년에 현재의 자리로 옮겼다. 15년 전쯤 시멘트로 단

참석자. 방명록에 사인하고있다.

을 만들어 지금에 이른다. 그리고 사당 앞 넓은 공터에는 다섯 그루의 신목이 있다. 지금 특별히 신목에 마을이 치성을 드리지는 않지만 대동우물이었던 신당우물에는 지금도 우물청소를 하고 백지로 싼 다음 우물시루를 올려놓는다. 이 우물은 과거 창전동과 서강사람들에게 식수를 다 해결해준 젖줄이었다.

치성은 매년 음력 10월 초하루다. 자시에 산신제를 지내고 오전 중에 사당제 겸 마을 대동제를 지낸다. 제관은 현재 6명을 뽑는데 동장이 초헌관을 하고 노인회장이 아헌관을 한다. 특이한 점은 메 대신에 국수를 올리며, 숭늉을 올리는 순간 제위신에 바친 옥수에 통후추 7-8개를 띄우는 점과, 사당치성에는 돼지를 절대 쓰지 않고 닭을 쓰며, 제물을 진설할 때 밤·대추와 감·곶감과 배·사과는 각각 한 접시에 담는다는 점이다. 제가 끝나면 반기를 다 돌렸었다. 과거에는 300여 호에서 치성비를 추렴했으나 20년 전부터는 하지 않고 있다. 공민왕

대동제를 지내기 전 식전행사를 기다리고 있는 제관 일동

식전행사에서 와우회는 매년 대동제 음식준비에 수고가 많은 박영숙, 이복자에게 공로패를 수여하였다.

대동제를 지내고 있는 제관 일동

사당터에 건물을 지어 세를 놓고 있는데 일 년 임대료와 축의금, 구청지원금, 그리고 대동제를 주관하는 와우회 회비 등을 합쳐 치른다. 1993년부터 '와우산대동제'로 명칭을 바꾸고 반기하는 대신 그 음식으로 노인잔치를 벌인다.

노인회에서 공민왕사당제를 주관하다가 10여 년 전부터는 '와우회'에서 '와우산대동제 준비위원회'를 설치하여 주관한다.

지킴이

현재 창전동 와우산 대동제를 주관하고 있는 단체는 와우회다. 원래 있었던 '서강친목회'라는 단체가 해체되면서 '와우회'라는 단체로 10여 년 전에 재결성된다. 와우회는 공민왕사당제를 주요 사업으로 설정하고 '와우산대동제 준비위원회'를 설치하여 제 전반을 관장하고 있다. 위원장은 이종

노인 위안 잔치. 대동제의식이다 끝나고 노인당 2층에서 거행되었다.

일이 계속 맡는 중이다.

사당관리는 노인회장이 맡고 있는데 매달 초하루와 보름에 청소하며 돌본다. 음식차림은 이춘자를 중심으로 몇몇 부녀회원들이 잘 이어가고 있다. 하려고 하는 사람이 나타나지 않아 처음 맡게 된 것이 지금까지 계속하여 이제는 으레껏 하는 것처럼 굳어버렸다.

창전동의 와우산 대동제는 마포구에서 밤섬 부군당굿, 당인동 부군당치성과 함께 대표적인 마을굿으로 인정받고 있다. 전승조직이 잘 결성되어 있으며, 당과 대동치성에 자부심들을 갖고 있다는 공통점을 갖고 있다. 매년 구청장이 꼭 참석하고 있는 마을은 창전동이다. 공민왕사당제의 역사와 마을민들의 전승력과 아울러 와우회의 정치력도 한몫 하는 것으로 보 인다. 창전동은 창전동의 경제와 정치의 중심층이 주관을 하고 있고, 밤섬은 실향민이라는 정서적 공감대가 만들어내는 대동

사당및공터에차
려진점심상

성이 그 힘의 원천이며, 당인동은 당주의 탁월한 구심력이 바람직한 전승방향을 제시하고 있는 것으로 보인다. 이들은 마포구뿐만 아니라 서울시 마을굿의 전형을 대변한다고 보아도 될 것 같다.

제보자 : 곽우근(남, 60)/ 마포구 창전동 400번지 ☎3142-8943/ 2000년10월26일 대담
이춘호(여, 57)/ 마포구 창전동/ 2000년10월26일 대담
조사 및 참관 : 2000년10월27-28일(음력10.1) 대동제

목적	마을의 안녕과 풍요				
당	이름	공민왕사당	형태	대지 30평 건평 5평 한옥	주소	서울특별시 마포구 창전동 산 2-22
		산신당		제단터		서울특별시 마포구 창전동 산 2-22
	제신	공민왕, 노국공주, 제위신(삼불제석), 최영장군, 마부,				
치성형태	유교식 제사방식			날짜	음력 10월1일	
전승주체	단체	와우회 (와우산대동제 준비위원회)				
	대표	(대표)이종일 (총무)마동수			주소	서울특별시 마포구 창전동
당주	이름	없음	성별		주소	
단골만신		없음	나이		주소	

당인리 부군당

참석자나 방문객들의 도착 상황과 모인 사람들의 분위기를
감안한 김현종 당주어른이 당초 약속한 저녁 8시보다 한 시간
앞당겨 치성의식을 시작하였다. 당주 집에서 지은 메가 당으
로 올라오자 당주가 제주가 되어 각 신위마다 메를 올린 다음,
술을 따라 올렸다. 그리고 향은 참석한 사람들 중에서 원하는
사람들이 직접 피우도록 유도하였다.

"만수향이라도 하나씩 꽂으시오. 아 괜찮아요. 사업 잘되

당인리 부군당 전
경.먼지와 도난우
려 때문에 태극문
양이 그려진 나무
문짝 대신 샤시문
으로 바꿨다.

부군당 내부 모습. 단청이 화려하다.

"라고 올려요."

　　당주(제주)와 함께 하루종일 제수준비와 진설에 수고하였던 노인들, 당인동 선후회 전현직 회장단, 50~60대 마을 주민들(남자), 당인동에서 아버지대부터 골프장을 경영하였다는 40대의 골프장 사장님(목재 수입업도 겸하는 사람) 등 20여 명이 동시에 당에 들어와 각 신위에 향을 피워 올렸다.

　　치성이 시작되었다. "간단하게 한꺼번에 하겠다"고 제주

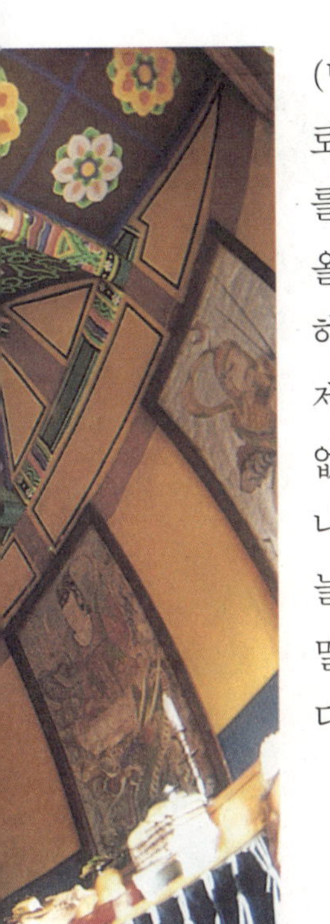

(당주)가 제의를 하니 "보고 배워야 하니 각 신위마다 제대로 하자"는 반응이 여기저기서 나왔다. 제주는 그런 분위기를 즉각 수용하여 더이상 재론하지 않고 각 신위마다 치성을 올려나갔다. 치성은 당주가 두 손을 비비면서 축원비나리를 하면 이어서 참석자 전원이 일배하는 형식이었다. 당연하게 제주를 매년 맞고 있는 당주을 제외하고 특별히 정한 제관은 없었다. 치성에 동참한 주민들 중 연배가 있는 원로들은 누구나 다 당에 들어가 치성에 참석하였다. 먼저 부군님을 향하여 늘어선 다음 한 발 앞에 선 당주가 다음과 같이 축원비나리를 말로 하였다. 당주와 함께 손을 비비는 주민들도 몇 사람 보였다.

좌로부터 부군님 성주기둥(태극기 걸린 자리), 산신님

삼불제석

"10월 상달 초하루올시다. 그저 마을 각성받이가 정성을 모아 이렇게 많은 음식을 차려놓았습니다. 많이 음감하시고 모든 집이 성공하기를 기원합니다."

곰질을 하고 있는 당주와 정화관리 위원회위원들

"동네 편안하게 해 주십시오."

"절들 하세요."

"네네, 절들 하십시다."

모두 동시에 일 배를 하였다. 이어서 당주가 성주대감을 가르키면서 성주대감님이라는 사실을 알려준 후에 비나리를 하였다. 정면 벽의 부군님과 산신님 화분 사이의 기둥이 성주대감을 모시는 자리인데 이번에는 치성비를 낸 사람들에게 나눠주기 위해 준비한 수건 중 두 장(한 장은 '새천년부군당치성 음력 10월 1일'이라고 인쇄되어 있고, 또 한 장에는 '귀댁 내 행운을 기원합니다, 부군당정화관리위원회'라 인쇄)을 걸어놓고 있었다. 당주어른의 감각이었다. 비나리 내용은 부군님과 같았으며, 부군님과 똑같은 비나리에 일동은 모두 웃으며 역시 일 배들을 하였다. 이어 산신령님을 향하여,

"산신령님, 먹고 노는 사람들 등산 다니더라도 아무 탈 없게 도와 주십시오."(IMF로 실직자들이 산이나 강을 찾아 소일하는 사회현상을 염두에 둔 축원비나리)

"예, 예."

"하하하."

삼불제석님에게는 "삼불제석님, 잘못된 것은 다 막아주셔야 합니다." (삼불제석님이 가장 무섭고 영통한 신령으로 당주는 인식하고 있음) 란 다짐식의 비나리를 당주가 하였다. 그리고

"바다 낚시 가더라도 많이 도와주십시오"

"예 예, 한강 물이 넘치지만 않게 해주십시오."

란 비나리를 당주와 참석 주민 중의 한 분이 용왕님께 하였다. 그리고 좌측 벽면 쪽을 향하여 다 방향을 바꾼 다음 장군님 비나리가 이어졌다. 격의없는 분위기 속에서 참석자들 상호간에 덕담과 웃음이 오고가는 상황이었다.

"김유신 장군님도 계시고 별자리 장군님도 계신데, 장군님! 졸병들 좀 많이 도와주십시오."

"하하하하."

"제관이 저렇게 입담이 좋으셔."

이어서 좌우신장님들에게, "모시고 있는 신령님들 잘 보위해주십시오."

대동치성을 시작하면서 먼저 희망자들이 분향하고 있다.

비나리 식으로 치성의례를 집전하고 있는 김현종 당주

일동 재배하고 있는 참석자들

란 축원비나리에 이어 일동 일 배하였다. 당안에서의 축원비나리가 다 끝나자 대감상을 마당으로 내간 다음 자리를 잡았다. 상에 술을 따라 올린 다음에 한강 쪽을 향하여 바라보며 일동이 대감상을 둘러서자 제주어른이 큰소리로,

"(일동에게) 터주대감님일세에. (대감상을 향하여) 대감니임~, 그저 많이 음감하시고 많이 걸어다니더라도 아무 사고 없게 해주십시오. 그 다음에, 느티나무대감니임~, 수도도 없고 냉장고도 없을 때 참 많이 신세졌습니다."

"돌아가셔서 참 죄송합니다."(느티나무가 죽은 것을 막지 못한 사실에 대해)

"그 다음에, 우물대감님! 지금은 수도가 발달해서 참 그대로 계신데 아무튼 우리가 잘 모시겠습니다."

마당에 대감상(우물시루, 느티나무 대감시루, 터줏대감)을 차려 농고비손하는 모습

　땅바닥에 돗자리를 깔아 놓지 않아 큰절을 할 수 없는 상태였기에 반절로 경의를 표한 다음, 대감님들께 올렸던 3잔의 술을 마당 사방에 3회에 나눠서 뿌렸다. 이어서 고시레의식이었다. 먼저 다음과 같은 당주의 코멘트가 사람들의 귓전을 울렸다.

　"고시레하는 것을 다 알아야 해요. 뭐 시방은 곤충이 많이 생긴다고 넌덜머리를 내지만, 곤충들도 다 먹고 살라고 이렇게 뿌려주는 거예요."

　이 설명에 비디오를 찍고 있던 어떤 학생의 입에서 "아 네에에!!!"라는 소리가 새어 나왔다. "아니 그렇게 깊은 뜻이." 경탄하고 있음이 분명했다. 고시레가 끝나자 대동소지였다. 숫자가 많아 3팀으로 나눠 동시에 진행된 소지의식에서 제주

어른은 대외적인 소지를 주로 담당하였다. 지역구(마포구) 국회의원의 소지를 올린 다음, "노승환 구청장 소지올시다. 이제 나이도 많고 하니... 그래도 신세 많이 졌습니다." 나머지 팀들은 동네사람들을 반 씩 나눠 동시에 올렸다.

"김근기, 몸이 아프대요. 씻은 듯 낫게 해주십시오.", "허장열, 돈 많이 버세요.", "형님, 우리 세입자들이 잔소리 좀 안하게 해달라고 해줘, 잔소리들 때문에 미치겠어.", "큰소리로 좀 더하게 해주십시오.", "하하하하", "나 여기서 안할래", "하하하", "안갑수, 돈 많이 벌게 해주세요. 하! 잘 올라간다", "중고차 매매하는 사람이지? 하루에 5 건씩만 성사되게 해 주십시오", "담배는 좀 줄여주시고, 99 살까지 사시게 해주십시오", "여자는 그저 젊게 사는게 최고야. 네가 나보다 더 잘안다. 하하하", "9 억짜리 하루 세 건만 해주십시오", "뭐니뭐니 해도 몸 건강이 최고고, 근데 내가 얘기하는 것 녹음이 돼요? 하하하. 녹음이 돼야 내가 잘 하지", "외국에 나가신 신영수랍니다. 몸만 건강하시면 되고, 거기 다 끝났어? 나만 녹음되는 거야?" "하하하", "박노현이, 노현이는 그저 그냥 아들만 낳게 해주십시오. 건강해라, 응! 윤아 너 건강해야 돼", "젊은 사람이니까 술 많이 먹고 건강하게 해주십시오", "그거 소지불 꺼트리지 말고 계속 이어서 불 붙여 올려야 해요", "그리고 고향이라고 자주 좀 오세요. 앉아서 뭉개지만 말고.", "거 교장되게 해 달라고 그래.", "진성이? 응.", "다 됐어요? 그러면 노래나 한 번 할까.", "자 그러면 말이지, 명소지 복소지, 마지막이야, 여기 오신 사람들 다 재수소망하게 해주시고, 취재오신 양반들 다….", "두 군데에서 오셨잖아요. 한 상 대접해야지."

이렇게 300여 장의 가정소지가 각각 올라갔다. 모두들 어울려서 음복이 시작되었다. 어른들은 당 안으로, 젊은 사람들은 마당에서 상을 받았다. 오고가는 술잔에 주민들과 공부하러 온 학생들, 그리고 취재 온 사람들과의 격의없는 대화가 한참동안 이어졌다. 중앙대학교 학생들이 몇 년째 이 당인리 부군

당 치성을 참관해 왔고, 연세대학교 학생들이 몇 번 찾아온 적   대동소지
이 있다고 한다. 2000년에도 중앙대학교 학생들이 지도교수
와 함께 10여 명 참석하고 있었다.

　새천년 당인리 부군당 치성현장은 시종일관 화기애애한 분
위기 속에서 물흐르듯 자연스럽게 이어졌다. 서울의 여느 동
네 마을치성에 비해 몇 가지 다른 특징도 눈에 띄었다.

　당주가 시간을 유동적으로 조정하는 모습이나, 선정된 제관
에 구애됨이 없이 가급적 많은 참석자들의 직접적인 참여를 유
도하는 모습에서는, 중요성의 경중에 비춰 꼭 원칙을 지켜야
할 대목과 그렇지 않은 대목을 가려서 상황에 따른 변화를 자
연스럽게 주는 융통성 발휘와 탄력성이 있었다. 엄숙함과 딱
딱함 대신에 자연스러움과 화기애애한 분위기를 시종일관 견
지하는 감각, 지역사회의 권력과 외부의 관심을 적극적으로
유도하면서도 결코 저자세를 견지하지 않는 주체적인 모습은

분명 부군당 치성을 주민과 참석자 위주의 대동잔치로 가기 위한 노력과 감각으로 이해되었다. 비록 만신들이 주도하는 대동굿을 못하는 상황일지라도 유교식 제례의식을 수용하지 않은 채, 무형식에 가까운 소박한 비손형식의 치성의례만 견지하며 얻어내고 있는 효과며 결과라는 사실에 놀랄 수밖에 없었다. 그리고 고시레의 의미라든지 각 신위의 성격과 명칭을 미리 알려주고 시작하는 당주어른의 설명과 비나리 내용은 아주 쉽고도 자연스럽게 교육의 효과도 얻고 있었다. 이는 마을치성의 목적과 기능, 그리고 그 가치에 대한 정확한 관점으로 무장한 당주어른의 노련한 경험이 만들어낸 작품임이 분명했다. 2000년 당인리 대동치성 현장 모습이었다.

당인리 부군당의 유래

당인리는 서강칠과라고 하던 곳이다. 배 부리는 사람, 창고업하는 사람, 뱃일하는 사람, 장사하는 사람들이 주로 살았다. 농사는 별로 없었다. 특히, 고기잡이배를 소유하고 강화 앞바다와 연평 칠산바다에 가서 조기잡이 하던 집이 많았다고 한다. 영세민들이 살기 좋은 곳으로도 소문 났었는데 이유는 겨울에도 허드렛 일거리가 많았기 때문이다.

뱃사람들이 제일 많이 믿는 신령이 북두칠성이었다. 당인리 부군당은 바다와 한강에 터전을 삼고 사는 사람들이 안전과 안녕, 그리고 풍어와 번영을 소망하는 기원처이자 마음의 의지처였다.

부군당이 생긴 지는 300여 년으로 추정한다. 원래는 높은 산에 있었다고 한다. 이참판댁 소유의 산이었는데 묘자리를 쓴다고 당을 옮기라고 하여 현재 당인리발전소 경내에 있던 야산으로 옮겼다. 부군당을 중심으로 터주신(터줏대감)을 모시는 터줏가리가 절두산 근처(높이1m정도. 예전에는 절두산 언저리까지 당인리였다)에 있었으며, 동네치성을 받던 큰 느티나무가 지금의 강변도로에 있었다. 길이 나면서 큰 고목나무가 공사 때문에 죽었는데 고목나무는 없어졌지만 현재도 대동치성 때 느티나무시루를 꼭 준비한다. 마을의 대

동우물(사용은 하지 않지만 보존하고 있다)에 올리는 시루도 잊지 않고 있다.

　당인리발전소 안 야산으로 옮긴 당도 현재의 위치로 옮기게 되는데 당 안에서 처녀총각들이 놀아나고, 당인리발전소가 확장되면서 더이상 있을 수 없어서였다. 60여 년 전 일이다. 지금의 위치는 한강을 바라보고 있는 언덕바지에 있다. 현재 시 유지땅에 서 있는 부군당은 담도 없이 집들과 다닥다닥 붙어있어 당으로서의 품위가 감소되었다. 본시 50여 평이던 대지가 30여 평으로 줄어들기는 하였지만 당집 앞으로 풍족한 공터가 있어 답답함은 면해준다. 이 공터에서 밤을 새워 떡시루도 찌는 등 치성준비를 하였다. 이제는 당주집에서 대부분 준비하고 떡은 방앗간에서 맞춰오고 있어 잔치분위기가 많이 감소되었다. 터주가리도 없어지고, 강변도로 확장공사로 인해 느티나무도 죽고, 마을의 대동우물도 사용하지 않지만(우물은

대동치성의례가 다 끝나고 당 안에서 음복하는 마을어른들

사용하진 않지만 보존하고 있다) 부군당치성을 드릴 때면 대감상에다 함께 차려 받드는 마음만은 잊지 않고 있다.

당집은 4평 정도의 2칸 한옥기와집이다. 대들보에는 단기 4287년(서기 1954년)에 중수하였다고 기록되어 있다. 1980년대 초반에 단청을 새로 하였으며, 화분은 90년 전에 백년사에서 조성하여 모셔왔다. 부군님 내외분은 윤구득씨 할아버지가, 산신과 용궁용왕은 김현종 현당주의 둘째할아버지가, 장군님과 삼불제석은 이호구씨 어머니가 각각 돈을 내서 조성하였으며, 가마에 태운 후 군악을 울리며 백년사에서부터 행군하여 당인리까지 왔다고 전한다. 지금의 화분은 그 때의 화분이나 70년대에 동장의 지시로 가장자리를 은빛으로 덧칠하여 원형을 잃게 되었는데 주민들의 아쉬움으로 남아 있다. 당집의 전면 나무문짝이 썩고 먼지가 많이 들어가 1996년경에 2중 샤시문으로 바꿨다. 문짝을 바꾸면서 원래 있던 태극문양은 그리지 않았다. 모시고 있는 신은 부군님 내외분을 주신으로, 산신, 삼불제석, 용궁용왕, 대장군, 좌제신장, 우제신장님이다. 예전에는 해마다 굿을 했었고, 어느 때부터는 3년마다 하다가, 한참동안 굿을 못했다. 경제적인 문제 때문이다. 굿을 할 때는 유명한 정복만 무당이 당인리 부군당 대동굿을 오랫동안 이끌었다고 한다. 당인리에도 나랏굿을 하고 다니던 만신이 있어서 정복만과 함께 대동굿에 참석했었다. 대동굿이 끊긴 지금은 굿 대신 10월 초하루면 당주를 중심으로 고사식 대동치성을 올린다. 현재도 부군당을 찾는 사람은 이발 목욕이 기본이다.

굿을 할 때는 반드시 검은 수퇘지를 통째로 잡아 사슬을 세운 후에 12각을 떠 신령님들게 올렸으며(삼불제석은 제외), 12개의 떡시루를 쪄올렸다. 인절미도 하였는데 보통 때보다 크게 썰어 12상에 올렸다. 굿을 하지 않을 경우에는 돼지를 12각 떠 올린다. 지화로 꽃을 피워 올리고, 성주대로 내림을 받기도 하였으나, 현재는 방앗간에서 쪄온 시루떡을 올리는데 통시루를 못 올릴망정 12접시는 꼭 준비한다. 꽃은 한 때 가을 국화를 사다 올리기도 했으나 경제적인 문제로 생략하고 있으며, 성주대는 잡지 않고 있다.

　10여 일 전에 동네 입구에 금줄을 쳐 잡인과 부정한 사람의 출입을 통제한 후, 3~4일 전부터 제물준비에 들어가 새벽 첫닭 우는 시간에 치성을 올렸으나 지금은 "날짜 잊어먹지 않고 하는 것만도 다행이다"는 의견이 높아 밤 10시경으로 바뀌었다. 금줄은 생략하고 있으며, 2일 전부터 제물을 당주집에서 다 준비한다.

　현재는 통장이 중심이 되어 반장들이 치성금을 모아 당주에게 주면, 당주 주관하에 치성준비를 한다. 구청의 일부지원금(30만 원)과 주민들의 치성금(교회 다니는 집은 방문하지 않음)으로 충당하고 있다. 현재 당주는 4대째 당인리에서 살아온 토박이로서 치성드릴 때 제주도 겸한다. 부군당 덕분에 6.25전쟁 중에도 피해 본 주민들이 없었다고 믿고 있다.

지킴이

　'당인동부군당 정화관리위원회'라는 것이 조직되어 있어 부군당관리와 부군대동치성을 주관한다. 총무 역할은 동네 통장이 담당한다. 회장인 김현종(78세, 갑자생)씨가 부친인 김윤식으로부터 당주를 이어받아 1972년부터 부군당을 실질적으로 지키고 있다. 김윤식씨는 조상 때부터 해온 일을 7살 때부터 참석하다가 60년 전부터 책임지고 당주 역할을 하였으며, 아들에게 그 소임을 물려주고 92살에 작고하였다. 3형제였는데 새우, 고기 등을 위탁판매하기도 하는 등 한강과 밀접한 생활을 했다고 한다. 현 당주는 "대동을 위해서 하는 것이다. 일 년에 한 번 3~4일만 고생하면 되는데 그것도 안 할 수 있어?"라는 자세로 당 관리와 당 치성에 적극적이며, 건강한 편이어서 당분간 전승에 큰 어려움은 없어보인다.

　이를 떠받치고 있는 조직이 '당인동선후회(先後會)'라는 자생적인 조직이다. 토박이들이 중심적으로 모여 계 형태로 유지되고 있는 이 모임은 부군당 치성에 적극 동참하고 있다. "유사시에 사용할 수 있도록, 예전부터 사용해오던 마을 공동우물을 없애지 말고 잘 관리하자"는 의견에 동참한 동네 젊

은이들이 매년 우물청소를 하다 "아예 정식으로 모임을 결성하자"는 의견
이 나와 탄생하게 되었다. 회원자격이 만 30 살부터 60 살까지인 이 모임은
80 여 명의 회원으로 출발하였으나 3 대 회장부터는 줄어드는 추세다. 교회
많이 생기고, 젊은 사람들은 좋아하지 않기 때문에 점점 쇠락한다는 것이다.
그래도 50대 회원 일부가 8-10년씩 적극적으로 당치성에 참여하면서 전승
의 주체로 자리매김해 가는 중이다.

제보자 : 김현종(남, 78)/ 2000년 8월7일 대담.
조사 및 참관 : 2000년 10월27일 대동고사

목적		마을의 안녕과 풍요				
당	이름	부군당	형태	대지:30평 건평 4평	주소	서울특별시 마포구 당인동동 15-3
	제신	부군님, 부군님부인, 산신, 삼불제석, 용궁부인, 대장군, 우제장군(신장), 좌제장군(신장)				
치성형태		비손식의 대동치성, 대동굿		날짜		음력 10월1일 저녁 8시경
전승주체	단체	당인리부군당 정화보존위원회				
	대표	회장)김현종 총무)당인동 통장			주소	회장)서울 마포구 당인동 15-50 ☎ 334-5279
당주	이름	김현종	성별	남, 78	주소	
단골만신		없음		여. 67세	주소	

금호동(무쇠막) 부군당

"여기 아파트 되는데 아무 소리 없이 잘되게 해달라고 축원좀 해주세요."

2000년 음력 2월 초하루, 금호동 4가에 있는 무쇠막 부군당에서 동네의 어떤 여자분이 고사를 주재하던 단골 만신할머니에게 부탁하는 말이다. 2000년 금호동의 무쇠막 부군당 고사의 최대 관심사는 재개발사업의 성공적인 추진이었다. 동네로부터 고사치성을 받아잡수실 부군할머니·할아버지와 산할머니·할아버지게 잘 빌어달라고 특별히 강조하여 부탁하는 모습에서 그 마음이 드러나고 있었다. 2000년 금호동4가 제11지구 주민들의 가장 첨예한 현안이자 희망사항이 무엇인지 가장 솔직하고도 절실한 목소리를 통해 확인되는 순간이었다.

이날 고사 치성현장에는 20명이 채 안 되는 여자 주민들이 참석하여 주도적으로 이끌어가고 있었다. 50대에서 70대까지 다양한 얼굴들을 한 그 아줌마 할머니들은 다들 손을 걷어붙이고 제물장만에 한 몫들을 하였다. 고사가 시작되고서도 미처 끝나지 않은 제물장만에서 손을 놓은 다음부터는 당에 들어가 절도 하고, 만신할머니 곁에서 계속 손을 비비면서 정성들을 들이기 시작했다. 한결같이 연륜들이 느껴질 정도로 차분한 분위기 속임에도 불구하고 마음 속에 담아둔 바람을 표현하는 순간만은 분명한 목소리들이었다.

일 년 하고도 열두 달, 과년 하고도 열석 달, 300이라 육십 일을 하루도 빠짐 없이 자신을 믿고 의지하며 살아가는 자손들(무쇠막 주민들)의 절절한 염원

을 책임져온 무쇠막의 부군할머니와 산할머니! 그 자손들이 정성·치성으로 음식을 대접하며 토해내는 올해(2000년)의 목소리는 성공적인 아파트건설이었다. 이 바람의 목소리는 한 번에 끝나지 않았다. 고사가 진행되는 동안 수없이 되풀이되었다.

"명잔에 복잔이다. 받어."
"네, 우리 동네 아파트 되게, 아파트 되게, 아무 탈없이 아파트 되게 해주세요."

명잔 복잔을 받으면서도 마찬가지였다. 올해 부군할머니, 산할머니가 주실 복은 바로 순조로운 아파트 세우기임을 분명히 하고 있었다. 사슬을 세울 때 언제쯤 재개발사업 승인이 떨어질 것인지에 대한 만신할머니의 응답을 듣고, "아이고 (재개발사업 승인이) 더디 된다네. ○달 있다 된다는데"라며 안타까운 심정을 토로하고 난 다음이었다.

음식을 준비중인 동네 아낙들. 금호동의 화주청 부엌은 아직도 가마솥에 장작불을 사용한다.

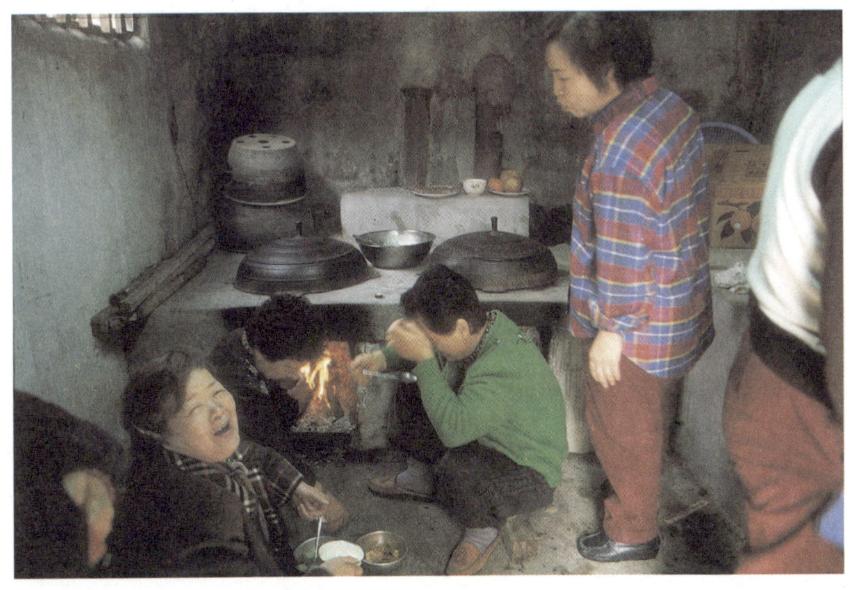

재개발을 그처럼 학수고대하는 것은 물론 동네 사람들 개개인의 재산권에 긍정적인 결과를 가져올 것이라는 기대 때문일 것이다. 그날 모인 동네사람들은 그것뿐만이 아니었다. 부군당 보존과 전승에 긍정적인 효과가 생길 것이라는 기대감도 함께 하는 듯했다. 재개발이 추진되게 되면 53평에 이르는 부군당의 땅값이 억대를 넘게 되고, 그 돈을 기금으로 하여 예탁을 해두면 이자만으로도 부군당 치성을 풍족하게 할 수 있을 것이란 판단이 섰기 때문이다.

토박이들이 거의 떠나버려 매년 두 번씩 드리는 치성을 유지하기도 벅찬 상태다. 많은 돈이 들어가는 굿을 한다는 것은 기대하기도 힘들어졌다. 부군당을 옮겨 번듯하게 당집을 세운 다음, 천만 원대에 가깝게 생길 이자만으로도 풍족하게 굿판을 벌일 수 있을 것이고, 남는 돈으로는 어려운 동네사람들에게 힘이 될 수 있는 사업도 추진한다는 계획이다. 그래서 이미 부군당의 소유권 등기를 '무쇠막향우회' 이름으로 끝마친 상태다. 무쇠막 토박이들 중심으로 결성되어 매달 정기모임을 갖고 있는 향우회는 고사치성을 드릴 때마다 일정액의 치성금을 내오고 있다.

물론 부군당이 옮겨간다는 계획에 불안해하는 목소리도 있었다. 고사에 참석한 동민들의 한결 같은 바람이 강렬해서인지 만신할머니가 "자리 잘 잡아드려라"고 응답을 하자 "나는 (부군당을) 그냥 여기에 뒀으면 좋겠어"라고 또 다른 속내를 드러내는 목소리도 들려왔다. 만신할머니는 아파트 문제 말고도 대동의 안녕에 대한 축원을 잊지 않았다. 부정을 치면서, 부군할머니와 산할머니를 청하면서, 삼지창으로 대동 사슬을 세우면서… 수시로 이런 축원을 하였다.

"여러 대동이 (일 년을) 곱게 나게 해주시고, 가정들 편안하게 도와 줍소사. 편안하게 해줍소사"

동민 전체의 대동 안녕. 결코 빠질 수 없는 축원이다. 가정 가정마다 '곱

화주청부엌부뚜막에차려놓은조왕상

게' 나게 해달라는 표현이 무척 시적이고 푸근하지 않은가. 병나는 사람 없어야 하고, 교통사고 같은 불의의 사고가 없어야 하며, 이웃과 큰싸움 없이, 속 끓이는 일 없이 안전하면서도 편안하게 일 년이 지나가야 한다. 생업의 창성이나 번성과 더불어 가장 기본적인 바람이다.

더불어, 시대의 큰 흐름을 거스를 수 없다는 판단인지, 동민들의 너무나 분명하고도 한결같은 바람이어서인지 다음과 같은 축원도 해주었다.

"부군할머니, 모두 시대가 배껴가지고(바뀌어서) 아파트가 들어앉으면 좋은 데로다 자리잡아서 부군할머니 대우한답니다. 징 장구 돋우메어 삼풍지구원에 웬수머리에 다령 할테니(대령 할테니), 태산같이 받으시고 대동이 곱게 나고 그저 일 년 열두 달에 삼백육십 일 곱게 나게 상등(上等)입혀 줍소사."

부군당과 애환을 같이 해온 집안들이 동네에 많이 남아 있지 않은 상황, 교회로 발길을 돌리게 된 세태, 미신시하는 젊은 사람들의 무관심이라는 시대의 흐름을 거부하며, 그 존재와 의의를 유지하기가 힘든 상황에서, 비록 자리를 옮기더라도 분명한 물적 토대를 확보하여 부군당을 보존할 뿐만 아니라 활성화시킬 수 있는 방안이라는 판단은 분명 현실적이고도 합리적으로 보인다. 그런데 부군할머니는 그 청을 들어주실까. 당을 손댄 자손들에게 벌을 주시지는 않으실지… 자손들의 안녕을 보살피고 절실한 자손들의 청에 항상 귀기울여야 하는 부군님, 그 절실한 바람이 자신의 자리를 내줘야 하는 바로 그 사안인데 말이다.

여하튼 마을대동치성에는 '바로 당장 닥친 공동체의 현안과 염원'이 절절하면서도 적나라하게, 그리고 일시에 공통적으로 표출되고 모아진다. 2000년 음력 2월의 무쇠막 부군당 고사치성에서도 이런 전통과 특성은 그대로 이어지고 있었다. 그 사안이 얄궂게도 부군님의 자리까지 넘볼 정도로 거대하고

부군할머니와부군할아버지께올린음식

막강하다는 안타까움이 있지만...

부군당의 유래 및 치성

무쇠막 부군당은 500여 년의 역사로 추정한다. 부군당이 있는 지역은 현재 금호동4가 일대로 금호동이란 이름이 생겨난 곳이다. 무수막, 무쇠막, 수철리, 무시막 등으로 불리었던 이 마을은 조선시대 초기부터 이곳에 무쇠솥을 걸고 메주를 쓰는 막이 있었다고 한다. '무쇠막'이니 '무수막'이니 그래서 생긴 이름이라는 설이 있다. 메주만 쑨 것이 아니라 선철을 녹여 무쇠솥과 농기구 등을 주조하여 국가에 바치거나 시장에 내다 팔던 곳이기도 하다. 그래서 대장간이 많았고 무쇠솥 장사나 대장간 일꾼들이 주로 모여살았다. "왕십리 배추장사와 물쇠골 솥장수"라는 말이 생겨 널리 알려질 정도였다. 금호동이라는 지명도 무쇠막을 한자화한 수철리(水鐵里)에서 나왔다. 철은 쇠 '금'자로 수는 호수 호 '(湖)'자로 바꿔서 말이다. 동네 아래로는 바로 한강이 흘러내리고 건너편 압구정과 연결하는 무쇠막 나루터(수철리나루터)가 있어 한강과도 밀접한 관계를 갖고 있던 지역이다. 무쇠막이라는 마을이 형성된 지형은 가파르고 기복이 심해 인구가 많지 않았다고 한다. 척박한 상황에 맞게 과수원(복숭아)을 일궈 많은 수익을 올리기도 했다. 척박한 입지조건을 오히려 메주쑤기, 대장간, 과수원 등으로 극복하며 살아온 무쇠막 사람들의 역사는 부군당의 나이를 그렇게 추정하게 만드는 근거이기도 하다.

현재 남아 있는 부군당 치성의 양식에 유교식 제례 흔적이 전혀 발견되지 않는 점으로 보아 과거에는 대동굿을 매년 했으리라 추정된다. 근세에 와서는 3년에 한 번씩 굿을 했으나 지금은 굿할 수 있는 기금이 안 생겨 고사만 지내고 있다. 옛날에는 호응이 좋았다고 한다. 지금은 교회 다니는 사람도 많고 고향을 떠난 사람도 많아 겨우 명맥을 유지하는 상태다. 재개발지역으로 지정되어 새로 당을 짓게 되면 대대적으로 굿할 계획을 갖고 있다.

현재의 부군당은 원래부터 있던 자리로서 지금은 2-3평 정도의 기와집이

다. 비교적 넓은 땅에 제물준비를 하는 부속건물이 하나 더 있
다. 부속건물 안에는 나무를 때는 대형 가마솥이 2개 설치되
어 있어 2000년 고사시에도 그 가마솥에 불을 지펴 조리를 하
고 있었다. 원래 당집건물은 초가였다. 초가집이 쇠락하자 70
년대에 벽은 붉은 벽돌로 바꾸고 지붕도 기와로 바꾸는 등 대
대적인 수리를 하여 지금에 이른다. 좌향은 정남향으로 한강
을 내려다보는 위치에 있다. 높은 건물들이 앞에 들어서기 전
에는 한강의 풍광을 일목요연하게 감상할 수 있는 명당이었다.
당 주위는 은사시나무들이 에워싸고 있으며, 고사목이 된 팽
나무 한 그루가 신목으로 치성을 받았다. 죽었음에도 불구하
고 치성을 받던 나무라 손을 못 대어 방치된 상태다. 부군당을
에워싸는 담이 있고 문이 좌우로 두 군데 있는데 평소에는 문
을 잠가 놓아 출입을 금한다.

  부군당 집 안에는 부군할머니와 할아버지를 함께 그린 화분

부군당집 뒤편에
설치된 산신당에
치성을 드리고 있
다.

대동사슬을 세우고 있는 단골만신. 40여 년 무쇠막부군당치성에 참석해온 이 노만신은 이름 밝히기를 거부하였다.

이 중앙벽면에 모셔져 있다. 좌측에는 산신과 오방신장이 모셔져 있으며, 우측 벽면에는 불사(삼불제석)가 모셔져 있고, 그 옆 문쪽으로 화분은 없지만 서낭님 자리를 마련해 두었다. 고사나 굿을 할 때에는 신체로 대나무에 통북어를 매어 기대어 놓는다. 부군당 집 바로 뒤에는 경사진 언덕바지에 시멘트로 산신단을 만들어 놓아 고사치성시 이곳에 제물을 차리고 의례를 하며, 부군당을 중심으로 사방 마당에는 걸립대감께 올릴 단을 조그마하게 시멘트로 설치해 놓았다.

치성은 일 년에 2회 한다. 음력 2월 초하루와 10월 초하루다. 2월에는 간단하게 고사만 드리고 굿을 할 경우에는 10월에만 한다. 제관과 제주는 1달 전부터 상가집을 못 가며, 개고기는 금물이다. 근래에는 통장이 당과 치성의례를 관리하고 주재한다. 현재 고사치성에 치성비를 내는 집은 많지 않다. 꼬박 꼬박 치성금을 자발적으로 내고 있는 집은 5 가구를 겨우

금호몽 부군당 전경

넘어가는 수준이며, 부족한 경비는 무쇠막향우회에서 일정액을 매번 지원하고 있다. 자꾸 참가하는 가구가 줄어들어도 현재까지 치성금을 받으러 다닌 일은 전혀 없다고 한다. '제 정성'이기 때문에 자발적으로 오는 사람들의 성금만 받는다는 것이다. 현재 부군당 치성기금이 200여만 원 조성되어 있어 부족하면 그것으로 충당하고 남으면 채우는 식으로 운영한다.

지킴이

현재 무쇠막 부군당을 관리하고 있는 사람은 성해룡(62) 금호4가 5통 통장이다. 1975년부터 통장을 보면서 시작한 당 관리가 계속 이어지고 있다. 20대를 대대로 무쇠막에 살아온 집안의 후예다. 당주는 아니지만 당주 역할을 하고 있는 셈이다. 현재 금호4가 새마을금고 부이사장과 금호제11지구 재개발 추진위원장을 맡고 있는 등 동네일에 의욕적이다. 성해

룡씨는 이 지역도 재개발이 반드시 되야 한다는 신념을 갖고 있다. 그러나 부군당 주위의 나무들은 절대 자르지 않고 보호할 생각이라고도 했다. 구청장이 1998년에 부군당을 방문하였을 때 나무들은 절대 보존하라는 지시도 있었다는 것이다. 부군당에 대한 입장은 제 정성이고 내정성이기 때문에 내 정성껏 임하고 있으며, 부인도 적극적으로 부군당치성에 참여한다.

자발적으로 부군당에 치성을 드리는 주민은 줄어든 대신 그 버팀목 구실을 해주는 단체가 있다. 무쇠막토박이들로 구성된 '무쇠막향우회'다. 현재 63명의 회원으로 구성된 이 모임은 매달 마지막 금요일 정기적으로 모이고 있으며, 정기 모임에는 다른 동네에 이사해 살고 있는 회원들도 참석한다. 그리고 동사무소에서도 청소 등 제반 관리에 협조적이라고 한다.

단골만신은 두 축이 있다. 대동굿을 할 경우에는 김유감 만신(중요무형문화재 제104호 서울새남굿 보유자)을 초청한다. 굿을 하지 않을 경우에는 간단하게 고사만 드리는데 압구정에 살고 있는 만신을 부른다. 인적 사항을 밝히기 거부하는 이 할머니는 70대 후반이거나 80대초반으로 보이는데, 40년 넘게 무쇠막 부군당에 다니고 있다. 할머니의 할머니대(신어머니인지, 집안인지는 확실하지 않음)로부터 물려받아 무쇠막과 인연을 맺게 되었다고 한다.

제보자 : 성해룡. 2000년 3월 6일
조사 및 참관 : 2000년 3월 6일 고사치성

목적	마을의 안녕과 풍요					
당	이름	부군당	형태	대지:53평 건평 2평 한옥	주소	서울시 성동구 금호 4가 412번지
	제신	부군할머니, 할아버지 내외분, 산신, 불사(삼불제석), 오방신장				
치성형태	굿과 고사				날짜	음력 2월 1일, 10월 1일(연2회)
전승주체	단체	무쇠막향우회(회원63명)				
	대표	성해룡			주소	서울 성동구 금호4가 419번지 ☎ 2297-0129
당주	이름	성해룡	성별	남, 62	주소	금호4가 새마을금고 부이사장, 금호제11지구 재개발 위원장
단골만신					주소	

마 포 불 당

　　새벽부터 옆공터에서 공사중인 포크레인 소리 때문에 고사
축원 소리가 잘 들리지 않았지만, 2000년 10월 20일(음력)
마포 불당에서는 대동고사가 치러지고 있었다. 마을민들을 대
표하여 노인당의 몇 분 어른들이 불당 신령님께 잔을 올리려는
순간, 마포동민들의 무사안녕을 축원하던 서보살이라는 당주
만신이 갑자기 치던 징을 놓고 눈물을 훔치며 뒤로 물러났다.
눈물이 나서 축원을 더이상 할 수 없다는 것이다.
　　감정을 한참 추스리지 못하고 있는 중에 50대 초반의 중년　마포불당전경

남자가 들어와 잔을 올리고 절을 하였다. 서보살은 그 남자를 맞이하며, 축원을 대신 잘 해달라고 동료 만신에게 특별히 부탁하였다. 박경남(51)이란 그 남자는 불당 바로 옆에서 건물을 짓기 위해 공사를 하고 있던 건축회사 사장이라고 했다. 연희동에 살고 있다는 박사장은 서보살의 신당을 살려준 은인이었다.

불당과 바로 연결된 공터는 개인 소유로서 건물을 짓기 위해 공사를 시작하자 땅을 파야 했다. 문제는 서보살의 신당과 타인 소유의 옆땅이 겹치기 때문에 신당을 헐어내야 할 위기에 처한 것이다. 마포 불당을 관리하기 위해 거처를 불당으로 옮긴 서보살은 자신이 모시던 신령님들을 불당 안에 모실 수가 없어 불당 처마에 덧대어 2m정도 늘려 가건물을 지어 모셔왔는데, 땅 주인이 권리행사를 시작하자 문제가 발생한 것이다. 이제 신당이 헐리게 되면 서보살의 신령님 모실 자리가 없어질 상황이었다. 이 설움과 걱정 때문에 밤잠을 설치고 애를 끓이던 서보살은 불당고사를 지내기 하루 전 박경남씨로부터 신당을 피하고 공사를 하겠다는 통보를 받을 수 있었다. 어머님대부터 불교 계통에 정성이었고, 부인도 절을 신심으로 찾는다는 박경남씨는 신당을 살려야 한다는 판단과 결정에 후회가 없어 보였다. 마을의 당과 서낭나무를 훼손(팔아먹거나, 파괴하거나)하고서 반드시 해를 본 수많은 사례와 접해온 방문객들도 이번의 현명한 결정에 안도할 수 있었다. 마포 불당과 서보살, 그리고 공사를 하고 있는 일꾼들과 땅주인 모두에게 다행인… 불당의 대동고사축원을 하던 서보살이 도중에 눈물을 훔치며 징채를 놓을 수밖에 없었던 이유가 바로 이런 저간의 사정 때문이었다.

비단 서보살의 신당뿐만 아니라 마포 불당도 원래 자리에 있질 못하고 지금의 자리로 본의 아니게 옮겨온 역사를 가지고 있다.

마포 불당의 유래와 실체

처음 자리를 잡은 곳은 마포동 156번지였다. 그런데 1984년10월달에 현재의 위치인 마포동 337-1호로 옮겨오게 된다. 대신 원래의 불당자리에는 마포경찰서 전경대건물이 들어섰다. 옮기면서 서낭당나무는 뿌리째 뽑힌 채 나무장사에게 팔려나갔으며, 30여 평의 목조 기와집이었던 불당건물은 그대로 뜯겨 지금의 자리로 옮겨 앉았다. 마을 노인들은 불당을 옮기면서 오히려 건물을 크게 키웠다. 콘크리트로 1층을 세우고 그 지붕에다 원래의 목조 불당건물을 올리는 의욕을 보인 것이다. 불당을 옮기는 일은 당시 안종삼 노인회장이 중심이 되어 이뤄졌다. 그리고 이후 불당 건물은 노인당 역할도 함께 하게 된다.

현재 서울시내에 남아 있는 부군당이나 도당의 대다수가 원래 있던 자리에 있질 못하고 두세 번 옮겨앉은 경우가 허다하다. 흔적도 없이 사라진 곳에 비하면 다행일지 모르지만… 아파트건립에 밀려, 도로확장에 잘려, 기독교계의 매입으로, 돈에 혹한 마을 주민의 매각 등등이 그 원인이다.

처음의 자리에 불당이 생겨난 때는 “광무(光武) 7 년 5 월 20 일(음력)”이다. 간지로는 계묘년으로서 서기 1903 년이 된다. 불당 안에 걸려 있는 현판의 기록이 이를 증언하고 있다. 불당건립에 동참한 동민들의 이름과 관직, 그리고 시주액이 적힌 현판도 보인다. 동시에 ‘大皇帝陛下聖壽萬世(대황제폐하성수만세), 皇太子妃閔氏殿下(황태자비민씨전하), 皇貴妃嚴氏殿下(황귀비엄씨전하), 英親王殿下(영친왕전하)’ 란 글씨가 새겨진 편액도 보인다.

불당의 건립과 신앙의 주된 목적은 화재예방이었다. 서울권에서 불당이 발견되는 곳은 마포일원이다. 바로 옆의 용강동, 대흥동, 청암동에서만 불당이 발견된다. 마포 불당의 경우 다음과 같은 이야기가 전한다.

100여 년 전에는 마포에 불이 많이 났다. 불만 나면 꽃재(인근 우성아파트단지 내에 있던 고개)에서 종을 쳐 사람들을 모아 불을 끄곤 했다. 어느날 임(林)씨 성을 가진 만신내외에게 한 날 한 시에 다음과 같은 선몽이 있었다. 꿈에 도사 같은 분이 나타나 장소를 지정하면서 “당을 지어 일 년에 두 번씩 돼지 잡고 당고사를 지내면 화재를 제압할 수 있을 것이다”. 그 몇 일 후, 어떤

장군님

장군부인님

화마를 막아주시는 화주장군님. 마포 불당의 화주장군은 3분이다. 사진은 그 중 가운데 분.

선비가 지나가다 원래의 당자리를 가르키면서 당을 지으라고
일러주는 일이 생겼다. 동네에서는 대동회의를 열었으며 마침
내 추진하기로 결정하여, 성금을 모아 당을 건립하였다. 그러
자 화재가 없어졌다.

 이후에 그 건립일인 음력 5 월 20 일과 상달인 10 월 20 일
에 마을에서는 돼지를 잡고 고사를 지내게 되었다. 현재는 경
비문제로 굿(굿을 할 경우 300여만 원 소요)은 격년제로 5월
에만 하고 10월과 다른 격년 5월에는 간단히 고사만 지낸다.

 불당에 모시는 신령으로는 대신할머니(임씨할머니), 산신
할아버지, 장군부인, 장군님, 화주장군신 3분, 별상님, 별상부
인, 오방신장, 수문장, 삼불제석, 칠성님, 용왕님이다. 화주장
군님(인근 대흥동의 경우 '火德眞君'이라 일컫는다. 최영
장군으로 인식하기도 한다)은 화재를 관리하는 신령님으로 3
분이 함께 모셔저 있다는 점이 특이하다. 서보살은 화주장군

당집 안 우측 벽
면에 걸려있는 편
액.고종황제와 명
성황후, 황태자
(순종), 영친왕,
엄비의 만수무강
을 기원하는 내용
이다.

님이 아주 무서운 분으로 인식하고 있다. 그 중에서 삼불제석, 칠성님, 용왕님, 신장님의 화분은 수해로 분실하여 1996년에 서보살이 새로 조성하였고, 나머지는 건립 당시 그대로라고 한다.

원래의 불당 옆에 있었던 서낭당은 옮기면서 없애버렸기 때문에 서보살이 들어오고 현재 불당 울타리 안에 다시 심어 모시게 되었다. 서보살이 불당에 관리로 들어오고 얼마 되지 않아서다. 꿈에 어떤 할아버지 내외분이 나타나 "이 집에서 살려면 서낭님을 모셔야 할 것이다"고 선몽하였다. 자꾸 꿈에 나타나자 전에 관리하던 노인에게 문의하니 옮기면서 없어졌다는 이야기를 듣게 된다. 대책이 없어 서보살이 21일 동안 천상옥수를 바쳤더니 "새로 심으라"는 선몽이 나왔다. 그래서 대추나무 묘목을 사다 현재 불당 근처에 심었다. 그러나 그 옆집 할머니로부터 당장 옮기라는 항의가 들어왔다. "꿈에 장정들이 나타나 하도 문을 두드리니 무서워서 못 살겠다"고 막 야단을 해 다른 쪽으로 다시 옮겼다. 옮기고 며칠 후 그 옆집에서도 같은 항의가 들어왔다. 결국 세번째에 불당의 대문 앞에다 대추나무를 서낭나무로 심었다. 대문 앞에 자리를 잡으며 이견이 생겨 서보살 뜻대로 위치를 잡지 못해서였는지 그 달부터 서보살의 일들이 꽉꽉 막히기 시작하였다. 갈등을 겪다 결국 서보살이 베어버리게 된다. 그 후 불당에 세들어 살던 아저씨가 향나무를 서낭나무로 마당 안 현재의 위치에 다시 심었다.

굿의 절차는 임씨할머니가 하던 당시의 상황은 알 수 없고, 서보살이 부정, 용신맞이(불사와 칠성을 포함하여), 장군(거상), 조상, 별상, 신장, 대감, 성주, 창부, 걸립뒤전의 순서로 진행하는데 결국 부군대동굿을 하는 것이라 설명한다. 특히, 조상거리는 과거 마포불당을 관리하거나 크게 정성을 바친 마포동 사람들의 혼령을 위하는 거리다.

20여 년 전까지만 하여도 마을 주민들이 중심이 되어 추렴으로 경비를 마련하여 불당을 모셨다. 안내문을 마포동 일대와 관공서에 보내 마포구청장 등 300여 명이 참석한 적도 있으나 최근에는 서보살이 중심이 되어 일 년에 두

고사치성을위해
굄질한 모습
(2000)

번의 고사와 굿을 한다. 마포 불당의 소유주인 동민회(노인회)에서 약간의 성금과 참석이 이뤄질 뿐, 전적으로 서보살의 책임하에 이뤄지고 있다. 마을 대동의 정성이 아주 미약해진 상황이다. 평소에는 서보살이 매일 아침(5−7시)에 옥수를 바친다.

지킴이

불당이 건립되자 임씨 만신이 당주가 되어 당을 받들며 지켰다. 6·25사변 이후로는 마포 일대가 개발되면서 많이 퇴락하게 된다. 20여 년 전에는 최시돌이라는 분이 관리를 하다 돌아가시면서 공백상태가 생겨 많이 퇴락하였다. 그러다 서보살(서기숙; 1941년생)이 1986년에 들어와 15년째 당주 역할을 하면서 당을 관리하고 있다.

친정이 6대째 마포토박이인 서보살은 도화동에 살면서 신

부군할아버지께
절을하는노인회
대표

을 모시고 있어 자주 불당을 찾다가 관리로 들어오기 얼마 전 불당 신령님이 나타나 품에 안기는 꿈을 꾸었다. 마침 최시돌 할아버지가 돌아가서 "때되면 고사라도 지내는 사람이 있었으면 좋겠다"는 공론이 마을에서 이뤄져 별 거부감 없이 들어오게 되었다. 그러나 너무 힘이 벅차 중도에 불당을 나간 적도 있었다. 그 기간 동안에는 매달 초하루와 보름에만 불당을 찾아 옥수를 올렸다. 옥수를 바치러 불당 문을 여는 순간 신령님들이 어린애처럼 좋아하며 자신을 반기는 통에 눈물도 많이 흘렸다고 한다. 어쩔 수 없이 3년 후 다시 들어온 뒤로는 별 변화 없이 당주 역할을 수행중이다. 신령님과의 교감과 느낌은 신령님과 서보살만이 아는 사실이라고 서보살은 말한다. 한옥이기 때문에 관리와 수리, 그리고 각종 공과금과 연료비 등 운영이 어렵지만 떠나지 못하고 있다.

서보살은 친정과 시집이 모두 마포다. 7살부터 신기가 있었

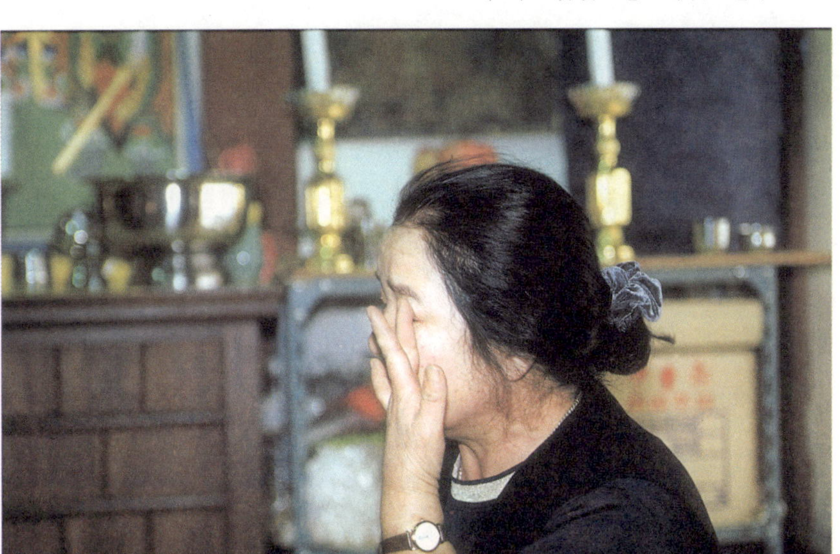

으며, 37 살에 내림을 받아 ‘마포 미자엄마’로 알려져 있다. 황해도 연백 출신의 이씨로부터 내림을 받았으며, 백두산신령님과 덕물산 최영장군님을 조종으로 친정할머니(불사대신), 당고모할머니(신중불사), 산신도사 등을 모신다. 남편을 따라 30대에 잠시 부산에 살았던 시기를 빼고는 줄곧 마포에서 생활하고 있다.

대동축원을 올리다 눈물을 흘리는 서기숙보살

서보살은 마포 불당만 관리하고 있는 것이 아니라 도화동 부군당(서보살은 ‘마포 서낭당’이라 불렀다)을 지키는 책임도 스스로 지고 있다. 500여 년 된 도화동 부군당은 원래 덕대우물 근처에 있었으나 그곳에 우성아파트 단지가 들어서면서 당과 우물이 모두 소실된다. 대신 아파트 단지에서 좀 떨어진 곳에 당을 지어주었다. 그런데 이 당건물이 교회로 넘어가게 되어 교회로 바뀌어 버린다. 화분을 모실 데가 없어 처박아 놓은 상태일 때 서보살에게 선몽이 있었다. 그래서 고사를 지내러 갔더니 9분의 신령님들이 서보살에게 안겨와 어쩔 수 없이 서보살이 수습하여 현재 공사중인 불당 옆 공터에 1평 정도로 슬레이트 가건물을 지어 1997년부터 모셔왔다. 2000년도에 이르자 무허가 건물이라고 철거명령이 내려와 헐어내야 했다. 대책이 없어 국사당이 있는 선바위 관리인에게 돈을 주고 위탁 보관중이다. 9분의 도화동 부군당 화분을 선바위로 내모실 때 서보살은 친정어머니가 돌아가신 것보다 더 슬펐다고 한다. 이를 본 셋째딸이 "엄마 우리 빨리 돈 벌어서 집 지어 다시 모셔오자"고 얘기해 서보살을 감동시키기도 하였다.

제보자 : 서기숙(여, 1941년생)/ 2000년 8월 8일. 2000년 8월 13일 대담
조사 및 참관 : 2000년 11월 15일(음력 10.20) 대동고사

목적		동네의 화재예방 및 무사 안녕				
당	이름	불당	형태	한옥+콘크리트 2층 대지 125평	주소	서울특별시 마포구 마포동 337−1
		서낭당		나무(향나무)		서울특별시 마포구 마포동 337−1
	제신	산신, 대신할머니, 장군내외, 화주장군3, 별상내외, 오방신장, 수문장				
치성형태		굿과 고사			날짜	음력 5월 20일, 10월 20일 연2회
전승주체	단체	노인당에서 주관				
	대표	전락중(86)			주소	
당주	이름	서기숙	성별 나이	여, 1941년생	주소	만신
단골만신		서기숙		여, 1941년생	주소	서울특별시 마포구 마포동 337−1 ☎ 718−4511

제 2 부, " 제 자리 실향민 "

"고향을 북에 두고 온 실향민들은 통일이 되면 찾아갈 고향이 있지만, 저희는 그렇지 못합니다. 서울에서 태어나 서울에 살고 있는데도 말입니다. 개발로 이 청담동의 옛 모습과 청취를 다 잃어버렸기 때문입니다. 그래서 우리 같은 처지를 나는 제자리 실향민' 이라 불러봅니다."

고향 청담동(청수골)의 도당 역사와 대동치성에 대해 이야기 하시던 오용현선생(5 대째 토박이)이 들려준 말씀이다. 제자리 실향민! 서울의 모습일 수도 있다. 개발로 고향을 잃어버린 동네, 전승이 끊어져버린 대동치성 현장을 한 데 묶어 보았다.

용산 둔지미 무후묘

2001년 3월 25일(음력 3월 1일), 부군할아버지로 모시고 있는 무후(제갈공명)에 대한 춘계제사와 점심식사를 다 끝낸 주민들이 무후전에 켜놓았던 촛불을 마당으로 내와 자리를 잡았다. 촛불을 꺼뜨리지 않으려 바람막이도 설치하였다. 설치가 끝나자 제전위원회 회장님이 소지종이를 한움큼 손에 들면서,

"내가 정신이 없어, 올해가 무슨 넌이오?"

"신사년."

"아 그렇지 신사년이지."

준비가 다 끝나자 명단 적은 종이를 들고 한 분이 호명하기 시작했다.

"고문 이대성씨."

"가만 있어요.(대동소지부터 올려야지)"

"허허."

회장은 먼저 대동소지를 준비하여 올리며 비나리를 하였

무우묘 정문. '무우묘제전위원회'라는 간판이 보인다.

무우묘 본당 건물

다.

　"대동일동하고 신사년을 맞이하여 부군할아버지 부군할머니 수위에 우애일동하게 도와주십시오."

　"됐어 올라갔어. (소지가) 잘 올라갔어"

　대동소지가 끝나자 개인소지로 넘어갔다. 그 현장의 소리들을 들어보자.

　"이대성씨 먼첨이야. 가만있어."

　"고문 이대성씨올습니다. 부군할아버지 부군할머니 수위에 재수상망하게 도와주십시오."

　"글 읽어가며 이걸 대주면 빨리빨리 하지 않우 –"

　"박종운씨올습니다. 부군할아버지 부군할머니 수위에서 재수상망하고 그저 무해후덕하게, 그저 편안하게 도와주십시오."

　"김명완씨올습니다. 할아버지 할머니 수위에 재수상망하게 무해후덕하게 도와주십시오."

"천기웅씨올습니다. 할아버지 할머니 수위에 재수상망…"

"임창순올습니다. 그저 가정 화목하고 편안하게 도와주시고 재수상망하고 무해후덕하게 도와주십시오."

"아 형님 그 좀 비켜요. (취재온 카메라우먼들을 가리키며) 카메라 잡게, 좀 비켜요."

"아 우리 전 회장도 올려 드려야지."

"누구 했어? 김무상이 했어?"

"아 형님부터 해야지."

"조안제"…, "김두칠"…, "김영길"…, "김영달이"…, "임현모"…, "이 순 재"

"야 순제야 이리와라."

"영달이올습니다. "

"영환이가 먼저 해야지 영달이 먼첨 하면 어떻해?"

"(명단 적은 종이를 가리키며) 이 순서대로 하는 거야."

"이대형"…, "김승욱"…, "장계문이올습니다……", "박용범이올습니다……."

"멋있게 잘 올려."

"예 –, 걱정마라 임마."

"이수용이 갔습니까?"

"이수용이 여기 돈 내놔야 한다. 여기 술값 가져와야 내가 한다."

"이 수 용 이"

"이수용올습니다. 돈 가져오너라 임마 술 한잔 먹게."

"이수용이 돈 가져오래."

"이수용이 오토바이 타고 다니는데 이상 없게 해주십시오."

"그렇지. 그러니까 한잔 먹게 해다오"

"이수용이 오토바이 사고없이…."

무후묘 춘계제전 준비에 열중인 임창순 무후묘제전위원회장(2000)

"이수용이올습니다. 부군할아버지 부군할머니 수위에 재수상망하게 무해 무덕하게 도와주시고 오토바이 기름값 많이 따게 도와주십시요오."

"하하하."

"으하하하."

"정영국이."

"기름값 뭐라고?"

"기름값 많이 따게 해주래."

"하하하."

"화투 처음에 육백 쳤는데 그렇게 많이 땄어요?"

"강대현이올습니다……"

"국중성이올습니다. 할아버지 할머니 수위에 재수상망하게 도와주시고 장사 잘 되게 도와주십시오",

"유재호올습니다. 할아버지 할머니 수위에 재수상망하게 도와주시고 그 저 몸 건강하게…. 야! 재호 소지올린다."

"하하."

"한석권이."

"예."

"모주값 가져오너라."

"니가 마지막이다."

"오천원만 내 낼게."

"에이 챙피하게 만 원은 내야지."

"나 참 오늘 거액을 쓰네. 기름값 일 년치 다 나갔어 하하하. 그런거여. 아 오늘 수고 많으셨습니다."

"다 됐수?"

"부엌에 안 올린 사람 없어?"

소지는 마을 대동굿에서 중요성이 자못 큰 의식이다. 만신이나 마을을 대표

2000년춘계제전
에참석한제관들
과참관인들

하는 사람이 흰 소지종이를 불에 태워 하늘로 올려보내는 소지
의식은 절대 빠지지 않는다. 특히 각 가정별로 일일이 소지를
올릴 경우 당사자들의 대동치성에 대한 관심도가 실질적일 수
있다. 마을 전체의 안녕과 풍요를 기원하는 대동소지를 먼저
올리기 마련이다. 몇몇 대표성을 갖는 사람만 올리는 경우로
약화되는 추세이기는 하지만 치성에 정성을 보인 모든 주민들
의 개인 소지를 올려주는 것이 원칙이다. 현재 서울에서 이뤄
지는 마을굿의 경우 100~200여 명의 개인 소지를 일일이 올
려주는 동네가 아직 눈에 많이 띈다.

무후묘의 춘계 치성(제사)에는 제전위원회 임원과 회원들
만 참석하여 이들 소지를 올리게 되는데, 이날 소지 올린 사람
들 중 성남, 의정부, 면목동, 수서, 삼성동, 홍은동 등지로 이사
하여 살고 있는 사람이 거의 반이나 됐다. 소지 올릴 무렵 늦게
도착한 분을 맞으며 주고받는 인사는 반가움과 쓸쓸함이 교차

신위마다 돌아가면서 배례하는 제관. 3헌관이 똑같은 방식으로 각 신위에 배례한다.

하고 있었다.

"아이구 이렇게 길을 찾아 오시느라고."

"일 년에 두 번은 틀림없이 만나게 되는 거야."

"그렇지."

둔지미 무후묘의 내력과 치성

현재 보광동에는 두 개의 당이 있다. 김유신 장군을 모시는 보광전(부군당)과 제갈공명을 주신으로 모시는 무후묘(부군당)가 그것이다. 무후묘는 본래 보광동 사람들이 모시던 당이 아니다. 둔지미(현 용산전쟁기념관 옆 미군부대 언덕바지)라는 마을에 살던 사람들이 고향의 산천을 강제로 강탈당하다시피하고 보광동으로 이주당해와 살면서, 고향 둔지미에서 모시던 무후묘를 옮겨 지금의 보광동 자리로 모셔온 데 유래한다. 구한말 조선병합의 야욕을 키우던 일본이 한일의정서를 근거로 용산일대

300만 평을 군사기지로 만들기 위해 강제로 마을민들을 쫓아냈기 때문이다.

조선 주둔 일본군(당시 '조선주차군사령부'. 1914년에 이 이름을 '조선군사령부'로 고친다)은 1906년부터 먼저 이태원 주민을 쫓아내고, 계속 주민들을 강제 이주시킨 다음, 군사시설을 세우고 1908년12월에 성대한 낙성식을 한다. 이때 고향을 강제로 뺏긴 100여 호 정도의 둔지미 사람들이 신촌, 보광동 등 이곳저곳으로 이주를 당하여 흩어지게 되었는데, 70~80%가 이주해 온 보광동의 둔지미 사람들이 3-4년이 지난 다음 무후묘를 지금의 보광동 자리로 옮겨 세웠다. 그리고 망향의 아픔을 달래며 매년 정월 초1일과 음력 10월1일 연2회 제향하며 치성을 드려왔다. 그래서 보광동 전 주민이 무후묘에 정성을 드리는 것이 아니라 옛 3, 4, 5통 거주자 및 그 연고자들만 이 무후묘에 정성을 드린다.

무후는 제갈공명의 호다. 무후묘는 공명을 모시는 사당이라는 뜻이려니와 실제는 부군신앙의 연장으로 봐야 할 것이다. 사당 안 중앙에 제갈공명을 모시고 있으나 좌측 벽면에는 산신님과 당할머니를 모시고, 우측에는 호위하는 청장군과 홍장군을 각각 모시고 있다. 그리고 소지를 올릴 때는 부군할아버지와 부군할머니가 기원 대상이며, 제갈공명을 부군할아버지로 인식하고 있는 것으로 보아 제갈공명이 한양의 한강유역의 부군신앙과 습합한 형태로 보인다. 동빙고동과 보광동 경계 3거리에 서낭당이 있었는데 예전에 한강을 통해 도성으로 들어가려는 중국 상인들이 이 서낭당 길목을 많이 지나갔다는 사실은 이와 같은 습합현상을 이해하는데 좋은 근거일 것이다.

주신으로 모시고 있는 제갈공명상은 붉은색 도포를 입고 앉아 붓을 들고 무엇인가를 쓰는 모습이다. 산신은 붉은색 도포를 입은 채 호랑이를 우측에 앉히고 수염을 쓰다듬고 있는 모습으로 동자가 뒤에서 시중을 들고 있다. 당할머니는 연두색원삼에 파란색 치마를 입고 나비떨잠을 네 모서리에 높게 단 족두리를 쓰고 있다. 홍장군은 칼을 땅에 짚고 등에는 활과 화살을 메고 있으며, 커다란 반월도를 든 청장군이 그 옆에 모셔져 있다.

무후묘는 150여 평의 넓은 터(공동 명의)에 자리하고 있는데 한강 쪽을 바라보고 중앙에 서 있다. 3칸 4~5평 정도의 한옥 기와집으로 외부에 단청을 했으며 천장에는 태극 등 여러 문양을 그려놓았다. 원래 둔지미에서 옮겨온 무후묘는 1칸짜리 수수한 건물이었으나 6·25때 폭격으로 불타버리게 된다. 전쟁이 끝나자 보광동 거주 둔지미 사람들이 추렴을 하여 1958년에 사당을 새로 건립한 것이 지금의 무후묘다. 화분도 그 때 새로 조성하였으며, 15년 전쯤 유리액자에 넣어 정갈하게 모신다. 올해(신사년) 무후묘의 기와를 다시 수리하기 위해 추렴을 준비 중이며, 부족할 경우 은행대출을 받을 계획이다.

제례(치성)가 진행되는동안마당에시립하고있는 제관과 주민들. 뒤에경건하게손을모으며예를갖추는여자들도보인다.

무후묘 우측에 부속건물이 있는데 보광사라는 절이다. 무후묘에 딸린 건물로서 사당의 관리 등 편의를 위해 무후묘 제전위원회에서 세를 놓은 것이다. 넓은 마당을 건너 솟을대문이 있는데 3태극이 그려져 있으며, 대문을 나서면 동네로 내려가는 계단이 나온다. 솟을대문 양옆은 제향에 쓰이는 물건 보관용 화주청으로 사용하고 있다.

현재 제일은 음력 3월 1일, 10월 1일, 그리고 정월 초하루 세 번이다. 근래에 정월 초하루(설날)에 제향 올리는 것이 번거롭다는 의견이 있어 춘추제향 개념으로 봄인 3월 1일로 날을 바꿔 간단히 진지만 올리는 치성으로 바꿨다. 그러나 대대로 해오던 정월 초하루를 그냥 넘길 수 없어 몇 사람이 산적 정도로 간단한 제물을 마련하여 정월 초하루 새벽 5~6시경에 사당에 올라 잔을 올리고 있다. 결국 연3회 치성을 드리고 있는 셈이다. 전에는 3년마다 단골 만신을 불러 대동굿을 하였으나 경제적인 문제로 중단된 지가 벌써 6년째다.

예전에는 제관으로 당주 등 12화주를 매년 뽑았다. 보통 1달 전에 생기복덕을 가려 깨끗한 사람으로 선출하였다. 당주와 화주로 선출되면 상가집 출입, 피부정 등 부정을 가려야 한다. 10월에 선출되면 정월 초하루 치성도 담당하였다.

제물로는 통돼지를 잡아 제갈공명에게 올린다. 9개의 떡시루를 준비한다. 각 신위마다 옥수, 산적, 3색 과일(배, 배추, 밤 등), 튀각, 포, 삼색나물, 두부, 메, 술(약주)을 올린다. 제일 먼저 할아버지께 올리고, 머리는 오른쪽으로 튀각은 맨 끝에 진설하는 원칙이 지켜진다. 술은 조라술을 직접 담갔으나 지금은 약주를 사다 쓴다. 제물 준비는 부인네들과 함께 하고 있다.

제례는 표지에 '漢丞相諸葛忠武候享祀笏記(한승상제갈충무후향사홀기)'라 적은 오래된 홀기책에 따라 유교식으로 집전한다. 12화주 중에서 좌우집사와 삼헌관을 뽑아 두루마기와 유건을 쓰고, 수세의식까지 행할 정도로 법도를 찾아 지낸 흔적이 역력하다. 2001년 봄제향의 순서를 소개하면 다음과 같다.

홀 읽는 사람이 댓돌에 올라서 있고, 우측편에 화주들이 시립하고, 마당 중앙에는 참례자(주민)들이 깔 것에 앉아 있었다. 홀기에 따라 일동이 모두 일어나 재배반을 하였다. 무릎을 꿇지 않고 고개만 숙이는 절이었다. 이어 안내인(집사)을 좌우에 대동하고 초헌관이 당 안으로 들어갔다. 들어가기 전에 수세(손을 씻는) 의식을 거행하였다. 제갈공명 신위부터 향을 피우고 잔에 술을 따라 올렸다. 이어 시접을 하고 축문을 읽었다. 축문이 끝나자 초헌관의 재배반이 이어졌다.

다음은 산신신위, 당할머니신위, 홍장군신위, 청장군신위에다 제갈공명신위에 했던 절차를 되풀이하였다. 단 축문 읽는 절차만 빠졌다. 모든 절차는 홀기 소리에 맞춰 이뤄졌다. 초헌관이 끝나면 아헌관이, 다음에는 종헌관이 똑같은 절차대로 거행하였다. 삼헌관의 제례가 끝나자 숭늉을 올렸다. 숭늉에 메를 세 번에 걸쳐 숟가락으로 떠 넣은 다음, 술잔을 올리고, 시접한 다음, 재배 반을 똑같은 순서로 각 신위마다 되풀이 하였다. 다 끝나자 제관, 축관, 집사들이 당 밖에 서서 일동 재배하였다. 이어서 참관인 일동이 4배를 하였다.

무후묘에서의 제향이 다 끝나자 솟을대문에 차려놓은 수문장 대감상(시루떡, 명태, 나물, 막걸리 등)으로 3헌관들이 자리를 옮겨, 선 상태로 재배반 후에 명태 머리를 떼어내 문간에 올려놓았다. 문틀 위에는 매년 올려놓은 명태 머리가 많이 있었다. 다른 제물은 조금씩 떼어내 고시레했다. 이어 술을 문전에 뿌려주고 난 다음 음복하였다. 수문장 고사가 끝나자 무후묘 뒤뜰에 있는 터줏대감상으로 옮겨갔다. 전에는 터줏대감 자리에 야트막한 봉당이 있었으나 지금은 없앤 상태다. 그 자리에 터주상을 차려놓게 되는데 선 채로 재배반을 하고 명태 머리를 떼어내 다른 제물과 함께 고시레하였다. 이어 술잔에 담긴 술을 당(사당) 주위를 빙 둘러 한 바퀴 뿌리고 다닌 다음 남은 술을 제관이 음복하였다.

제식이 다 끝나고 난 다음 축관, 창홀관이 따로 당 안에 들어가 개인적인 참배에 들어갔다. 의식을 집전하느라 참배를 못했기 때문이다. 여자들도 비로소 개인적으로 들어가 참배를 하였다.

이처럼 의식을 치르고 난 다음에는 참석자 전원이 점심식사와 음복에 들어갔다. 식사를 하고 나온 사람들에게는 식사 중에 준비한 반기를 하나씩 나눠

뒤뜰에 차려 놓은
터줏대감상

주고 있었다. 그리고 마당에서 소지를 올리기 시작하였다. 소
지 의식이 끝남으로써 모든 치성의례가 마무리되었다.

현재 이 모든 의례의 준비와 집전, 그리고 무후묘의 관리는
'무후묘제전위원회'에서 책임지고 있다. 근래에는 당주나
화주를 예전 방식대로 뽑지 못하고 제전위원회 임원들이 번갈
아 가며 맡는 실정이다. 3월에는 임원 중심으로 지내고 10월
에는 대동치성을 하게 되는데 80집 정도가 치성금을 내며 동
참한다. 이들이 내는 치성금과 보광사 세수입으로 모든 경비
가 충당된다.

지킴이

현재 '무후묘제전위원회'가 결성되어 무후묘와 대동치성
에 대한 제반 사항을 주관해나간다. 30여 년 전에 결성되었으
며, 올해는 회칙을 제정하여 수문장 고사에 들어가기 직전 대

동회의를 통해 통과시켰다. 둔지미 원주민들이 많이 작고하거나 다른 곳으로 이주하여 점점 참여도가 떨어지기 때문에 회칙을 마련하는 등 제전위원회의 조직과 분위기를 일신하자는 의견이 제기되어 마련된 것이다. 회칙에서는 "주민 및 회원상호간에 상부상조하며, 무후묘 보전 및 관리 운영함을 목적으로 한다"고 그 목적을 밝히고 있다. 보광동 옛 3, 4, 5통 거주자 및 연고자로 회원자격을 규정하고 있는 점이 특색이다. 임원의 임기는 2년이며 매월 정기모임을 갖되 12월에 정기총회를 갖는 것으로 규정하였다.

현재 회장은 임창순으로 조상이 수원에서 7대를 살다 둔지미로 이사와 살아온 것이 15대 정도 된다. 둔지미는 각성받이가 살았으며 그 중 김씨, 임씨, 이씨가 많았다고 한다. 임회장의 할아버지와 아버지가 일제에게 고향을 뺏기고 보광동으로 옮겨와 산 이후로 계속 지금까지 살고 있으며, 60대 중반에 회장을 맡게 되어 6년째 계속 연임하고 있다. 조상대대로 모셔온 부군당을 안한다고 거역할 수도 없는 것이고 대동정성인데 동네와 주민들을 위해서 매년 정성을 드리고 있다 한다.

임회장은 김두성 전회장이 작고하면서 이어받았으며, 김두성 회장 이전에는 김원산 회장이 제전위원회를 이끌었다. 현재 이대성(이촌동), 박종운(성남), 김명완(인천), 천기웅(성남)을 고문으로 모시고, 부회장은 조안제, 김두칠 2인이며, 김무상이 총무를, 김영길이 부총무, 임현모가 재무를, 이순재가 감사를, 김영달, 이대형, 김승욱, 장계문, 박용범, 김영환, 이수용, 정영국, 국중성, 강대현, 유재호, 한석권 제씨가 운영위원이다. 오종상, 김광수, 서병악 등도 무후묘치성에 적극적인 사람들이다. 이분들은 대부분 다른 곳으로 이주하여 지금은 보광동에 살고 있지 않으나 치성날에는 무후묘를 찾고 있으며, 10월 치성에는 제전위원회에서 타지에 살고 있는 회원과 임원들에게 안내장을 우편으로 발송하여 초대한다.

무후묘 대동굿의 단골만신은 장남옥 만신이다. 서빙고동에서 태어나 살다가 동빙고동에서 다시 보광동으로 이사하여 살고 있는 장만신은 이 세 동네의

치성의례가끝나
고 점심 겸 음복
하는참석자들

부군당 대동굿의 단골만신이다.

제보자 : 임창순(남, 70)/ 2001년4월19일 대담
조사 및 참관 : 2000년4월5일(음3.1) 고사/ 2001년3월25일(음력3.1) 고사

목적	마을의 안녕과 풍요					
당	이름	무후묘 (부군당)	형태	대지: 150평 당: 5평 보광사:20평	주소	서울특별시 용산구 보광동 419번지
	제신	제갈공명(부군님), 산신, 당할머니, 청장군, 홍장군				
치성형태	대동굿, 유교식 제향			날짜	음력 정월1일, 3월1일, 10월3일(연3회)	
전승주체	단체	무후묘 제전위원회				
	대표	회장) 임창순 회장(남, 70) 총무) 김무상 (남)			주소	용산구 보광동 345 ☎ 797-3831 용산구 보광동 217-13 ☎ 793-0425
당주	이름	회장이 겸임	성별		주소	
단골만신		장남옥	나이	여, 78	주소	서울시 용산구 보광동 ☎ 795-0341

망원동 금성당

서울의 한양굿 무가들을 들어보면 이런 구절이 나온다.

왕십리 답십리 수풀당 애기씨
금성당 대신호구 외국남산 불사호구
이고랑산 도당호구 살륭호구 여러기자 말명호구

'왕십리', '답십리'는 우리 귀에 너무 익숙한 동네이름이
다. 수풀당은 왕십리(답십리)의 마을당산 이름이다. 애기씨는

금성당자리

수풀당의 신령님 이름이고, 대신 · 불사 · 오구 · 말명 등은 굿에 등장하는 신격들이다. 재미있는 사실은 '왕십리 수풀당'이라는 말이 어떤 굿에서건 절대 안 빠진다는 사실이다. 옛날 문서(무당들 사이에 쓰는 표현. 구체적으로 글을 적은 문서를 말하는 것이 아니라 머릿속에 담겨 있는 내용을 문서라고 표현한다. 민속의 전승방식은 구전을 통하기 때문에 구전내용은 글이나 마찬가지다)를 제대로 알고 있는 만신들은 이 수풀당을 이야기한다. 사람이 죽어서 굿을 할 경우든, 개인의 재수소망을 위해 하든, 마을의 안녕을 위한 마을굿 현장에서든 모든 굿에서 들을 수 있다.

그 다음으로 제일 많이 등장하는 이름이 '금성당'이다. 금성당도 수풀당 못지않게 등장한다. 그리고 문서에 따라 다른 당 이름들이 더 붙기도 한다. 한 번 들어보자.

금성으로 대신호구 각산말(各山마을) 부군호구
성주루 어비호구 물 건너 하중당(化主堂) 하날에 부군호구
왕십리 수풀당 애기씨 부인호구 〈부정거리 중에서〉

이 무가에는 하주당이 더 붙었다. 그리고 각 마을의 부군당을 이야기 하고 있다. 살군당, 할미당이 더 등장하는 경우도 있다.

굿을 하게 되면 그 지방의 당산에 먼저 신고를 해야 한다. '이러저러한 연유로 일(굿)을 하니 탈(부정)없이 굿이 끝나 원하는 바를 이룰 수 있도록' 도움을 청하기 위해서다. 그 순간에 수풀당과 금성(당)이 빠지지 않고 등장한다는 것은 그만큼 한양이라는 터전에서 중요한 곳이라는 뜻일게다. 원래 마을 당산이라는 것은 그 마을의 중심이자 그 마을사람들의 의식을 지배하는 구심점이다. 수풀당이 한양굿에 빠짐없이 등장한다는 것은 '왕십리 사람' 들에게만 중요한 것이 아니라 한양땅 전역에 큰 의미를 갖는 곳이었을 것이란 생각을 갖게 만든다. 그리고 금성당은 인근 주민들의 마을 당산으로도 숭배를 받았으

금성당 자리를 증언해 주는 김이백(좌), 윤상덕(우)

며, 매년 한 번씩 대동치성을 받으셨던 곳이기도 하다.

금성당의 유래

그 금성당(錦城堂)은 지금의 망원동에 있었다. 한강을 바라보고 있는 망원정(이조 효령대군이 지은 정자. 중국 사신들을 위한 연회를 자주 베풀었던 곳으로, 수군의 훈련광경을 왕이 직접 보시던 곳이기도 하다. 성종 때 월산대군이 정자 이름을 망원정이라 하였다) 근처였다. 지금의 망원제2빗물펌프장 옆 골목으로 들어가면 제법 큰 규모의 대성강변빌라가 나온다. 그 앞에서 우측 골목으로 들어가면 가야빌라가 나오고 그 앞 239-2호 239-4호 사이의 골목길과 239-3호일대 땅이 금성당터였다고 한다. 야트막한 언덕을 이루는 지형이었으며 뒤편은 낭떠러지 형상을 하고 있었다. 금성당은 한강 쪽(남향)을 바라보며 서 있는 30여 평에 이르는 당이었다. 대문과 중문을 갖추고 있었으며, 지붕에는 청기와가 1장 남아 있었다고 전한다.

1960년에 한글학회에서 펴낸 『한국지명총람(서울편)』에 보면 세조의 아우 금성왕(錦城王)을 모신 당으로 알려져 있으나, 1899년에 편찬된 『양천읍지』에는 금성당의 유래에 대한 다음과 같은 이야기가 전한다.

금성당이 있던 성산동의 강 건너편 염창동에는 매우 경치 좋은 두미암이라는 곳이 있었다. 이 두미암에는 고려시대 이래로 전라도 나주의 귀신이 와 붙어 영험이 있다는 석불이 있었는데, 기도하지 않으면 재앙을 받는다는 속설 때문에 이곳을 지나는 행인들이 다투어 기도하는 대상이었다. 점차 사람들의 내왕이 끊어지게 되었고, 드디어 수목이 우거져 중종 때에는 호랑이가 서식할 정도로 깊은 숲이 되었다. 이때 충청병사를 지낸 김말손(본관 원주. 중종 때 무과에 급제. 강서구에 원주 김씨의 뿌리를 심은 사람)이 활로 석불을 쏘니 그 석불이 피를 흘리면서 그날밤으로 강을 건너 도망을 갔다. 김말손은 그 나주 석불이 있던 자리에 정자를 짓고 영벽정이라 하였으나, 화살을 맞고 강을 건너간 석불은 성산동에 자리를 잡았다. 석불이 지나간 자리는 전라도 나주의

별칭인 금성(錦城)이라 부르고, 석불을 모신 자리는 금성당, 금성당이 있는
산은 성산이라 불러 성산동이라는 동명이 생기게 되었다는 것이다.

또 이런 창건설화도 전한다. 금성당 화분을 2분 모시고 있는 정릉의 대성사
주지 이야기다.

망원동 강가에 어느날 커다란 궤짝이 흘러왔다. 뱃사람들이 그 나무 궤짝 뚜
껑을 강가 모래사장에 옮겨놓고 힘겹게 뜯어 보았다. 뚜껑을 여니 그 안에서
돌돌 만 12개의 화분과 촛대가 나왔다. 뱃사람들이 뭔가 보물을 기대하다가
"보물인 줄 알았는데 무슨 귀신이 나타났네"라 낙담하여 발로 차 뚜껑을 닫
아버렸다. 그러자 요란한 "꽝" 소리와 함께 저절로 뚜껑이 열렸다. 욕을 하
며 다시 닫았으나 똑같이 현상이 일어났다. 뭔가 심상치 않음을 직감한 뱃사
람은 "왕신(큰 신)이 나타났으니 저 산비탈에다 갖다 두자"고 생각하여 지
금의 망원동 동산에다 갖다 두었다. 그날밤 웬 불길이 하늘로 뻗쳐 올랐다. 놀
란 마을 사람들이 몰려 가 보니 그 궤짝에서 나오는 불빛이었다. "이처럼 영
험한 왕신이 인연이 되서 우리 마을을 지켜주려고 들어왔으니 잘 모시자"는
의견이 마을사람들 사이에 모아져 십시일반으로 성금을 모아 당을 지었다. 그
당이 금성당이다.

당이 생긴 후에 당이 생긴 연유가 소문으로 퍼지면서 사람들이 몰려들어 단
골이 되었다. 겨울이면 영등포 일대 등 먼곳에서도 언 한강을 걸어서 건너 금
성당을 찾곤 하였다. 망원동에는 조기배가 많이 드나들곤 하였는데 어느날 조
기배 하나가 당 앞에서 이유없이 멈춰버린 사건이 생겼다. 강물에 흘러내려
가지도 않고 앞으로 나아가지도 않았다. 이 모습을 본 어떤 사람이 저 당이 영
험하니 가서 기도하면 움직일 것이라 하여 그대로 해 보았더니 정말 조기배가
움직였다. 이런 일도 있었다. 어떤 벼슬아치가 말을 타고 가다 당 앞을 지나게
되었는데 말굽이 땅에 붙어 움직이지를 않았다. 채찍을 휘두르고 갖은 애를
써보았으나 말은 움직이지 않았다. 이 모습을 본 당지기가 이 당 안에 금성왕
이 계시니 들어가 절을 하시라고 권하였다. 처음에 무슨 소리냐고 거부하던

그 양반이 말이 괴로워하면서도 움직이지 못하자 결국 금성왕에게 인사를 올렸고, 인사를 드리자마자 말이 움직였다. 이 소문이 퍼지면서 더 많은 사람들이 이 금성당을 찾게 되었고, 고관부인들도 찾아 굿을 하는 상황에 까지 이르렀다.

금성당에는 칠성·대감·산신 등 10여 분의 신을 모셨다. 왜놈이 말을 타고 가다 말굽이 안 떨어져 갈 수 없게 되자 말목을 쳐버려 죽인 다음 인근 밭에다 던져버리고 지나갔다는 설화도 금성당에 전하며, 죽은 말이 버려진 곳에 말무덤이 생기자 그 장소를 말무덤밭이라 불렀다.

특히, 금성당은 머리가 돈 사람(정신이상자)들이 많이 찾아왔으며, 금성당에 와서는 반드시 한 바퀴나 세 바퀴를 돌고 지나가는 경우가 허다하였다고 한다. 어렸을 때 직접 이런 모습을 목격하고 자란 망원동 토박이들은 '어떻게 누구의 안내도 받지 않고 혼자들 찾아와 그렇게 돌고 갔는지' 지금도 이해할 수 없다고 그 현상에 대해 신기해한다. 만신들의 증언에 의하면, 금성왕에게 바치기 위해 산돼지를 몰고가 "바칠 돼지입니다"고 고하면 돼지가 제 발로 금성당으로 달려가 머리를 처박았으며, 조기를 올리면 조기가 상에서 훌떡 뒤집어지거나, 젓가락 숟가락이 역시 저절로 상에서 뒤집어지는 조화도 자주 목격할 수 있었다고 한다.

그러나 지금은 그 웅장하고 화려했던, 또한 영험했던 금성당을 찾아볼 수 없다. 당지기 집안이 망하면서(산소를 잘못 써 산바람으로 자손들이 동시에 미쳤기 때문이라는 말이 있음) 1976년쯤 금성당을 인수한 교회가 금성당을 헐물고 교회를 세웠기 때문이다. 지금은 그 교회도 발견할 수 없다. 금성당 자리에 교회를 세웠던 목사, 집사, 장로가 모두 죽게 되어 흉가로 변하였기 때문이다. 당시 그 교회의 목회자 일동이 갑작스럽게 죽은 것은 금성당을 손댔기 때문이라는 소문이 퍼졌고, 인근의 마포 불당이나 당인리 부군당 일대의 지킴이들과 망원동 토박이들은 지금도 그렇게 믿고 있다. 흉가로 변하여 오랫동안 방치되어 있던 교회건물은 그 후 개인이 인수하여 빌라를 짓게 된다.

　그나마 금성당의 흔적을 엿볼 수 있는 것은 금성당에 모셨던 화분이다. 금성당이 폐쇄되면서 화분이 팽개쳐져 처마밑에서 비바람을 맞게 되었고, 9대째 금성당을 찾던 당시 93세의 노할머니가 이를 안타깝게 생각하여, 남은 일부의 화분을 수습하여 삼각산 상봉 일선사 밑에 모셨다. 25년 전에 그 중의 일부(2점)를 추스린 사람(이씨)이 대성사라는 절을 정릉에 조성하면서 모시게 된다. 금성당을 알고 있는 옛날 만신들이 본인들의 진적이나 꽃맞이를 하게 될 경우 정릉 대성사를 찾아 참배하기도 한다.

　조선시대 한양의 만신들은 자신의 진적이나 꽃맞이를 할 경우 개성 덕물산 최영장군 사당 앞에 있는 자신의 단골집(전국의 만신들을 받아 굿을 해주던 집으로 최영장군 사당 앞에 원래 12집이 있었으나 일제시대에는 9집으로 줄어들었음. 전국의 만신들은 그 중 한 집을 단골로 정하여 1년, 혹은 3년마다 찾아 꽃맞이나 진적을 올렸다. - 이지산박수 담)에서 굿을 하고 오던 전통이 있었다. 갈 때는 반드시 가조기(잔잔한 바다일 때는 조기가 얕은 물가에서 잘 잡히는데 이때 잡히는 조기를 '가조기'라 한다. 파도가 세고 바람부는 날은 조기가 물속 깊은 곳에서 잡히는데 이때 잡힌 조기를 '턱걸이조기'라 불렀다)를 준비해야 했으며, 도중에 수영반자를 거쳐 덕물산에 가도록 되어 있었다. 3·8선이 막혀 개성을 갈 수 없게 되자 덕물산 대신 금성당에 먼저 들른 다음 선바위(최영장군을 모심)에 가 물고(도장, 선바위 당주가 도장을 찍어준다) 받아다 꽃맞이를 하는 방식으로 바뀌었다. 금성당에서는 항상 찾아온 만신들의 굿이 끊이지 않았다고 한다. 금성당이 없어지고 난 다음 대신 정릉 대성사를 찾는 만신들은 그 전통을 희미하게나마 이어가고 있는 셈이다.

　금성당은 인근 주민들의 대동치성터이기도 했다. 현재 대동치성에 대한 기억을 갖고 있는 사람들은 망원동(행정구역이 분화됨) 사람들이다. 마을은 지금의 양화대교(舊제2한강교) 진입로 일대에 형성되어 있었다. 들의 머리에 있다 하여 '들머리'라 불리던 마을이다. 500여 호가 마을을 이루고 있어 오백 호라 부르기도 하였다. 임씨, 남씨, 김씨, 박씨가 많이 살았다고 한다. 이들이 금성당을 마을당산으로 받들며 매년 대동치성을 드렸다.

그러다 을축년 대홍수(1925) 때 마을이 떠내려가버려 큰 변화가 온다. 일부는 이웃 합정동으로 이주하여 살게 되며, 일부는 원래 터전에 다시 집을 짓고 눌러앉았다. 눌러앉은 사람들은 주로 김해김씨 집안이었다. 약 30−40여 호가 모여 산 이들은 계속 금성당을 받들며 농사로 생업을 유지하였다. 금성당 주위에는 당지기 집안과 5채의 민가만 있었고, 마을과 금성당 사이나 그 주위는 모두 논밭이었다. 논농사, 밭농사를 다 하였으나 밭농사가 중심이었다. 주요 재배작물은 수수, 콩, 배추, 양배추 등이었다. 그러다 마을에 또 한번 큰 변화가 생기게 되니 1965년 제2한강대교(현 양화대교)의 완공 때문이었다.

강화 김포로 통하는 양화나루(양화진)를 대신할 대교가 합정동과 영등포구 당산동 사이에 가설되자 개발 바람이 불었으며, 땅을 팔고 떠나는 주민(당시 땅값은 평당 3000 − 4000원대였다)이 많이 생겨났다. 남아 있는 주민들도 망원동 일대의 농토에 주택 등 건물이 들어서면서 더이상 농사를 지을 수 없게 되었다. 장충동의 철거민들을 망원동 모래내(망원동 들판에 있던 모래가 많은 내)에 집단 이주시켜 정착시키면서 신망원동 마을이 생겨나기도 하였다. 한강 홍수로 인한 잦은 침수 등 비교적 낙후되어 있던 망원동은 전기가 들어온 것도 아주 늦었다. 비만 오면 발목 무릎까지 발이 빠져 "여자 없이는 살아도 장화없이는 못 산다"는 말이 있을 정도였다.

현재 망원동에서 살고 있는 토박이들은 대부분 6~7대째 살아온 집안들로서 1970년대 후반까지는 농사를 지었다. 이처럼 토박이들의 이사, 금성당의 소멸, 생업토대의 변화 등으로 인해 대동치성은 자연스럽게 사라지게 되었다. 그래서 1978년경에는 대동치성이 끊기게 된다.

현재 망원동 토박이들의 말에 의하면 대동굿은 하지 않았다고 한다. 대신 매년 음력 10월 초하루면 정성껏 준비한 제물을 금성당에 진설하고 마을 대표들이 유교식으로 치성을 드렸다. 자기 정성껏 낸 치성비로 제수를 준비하여 당지기에게 갖다주면 당지기가 음식 차리는 방식에 따라 굄질(진설)을 하였다. 특별히 준비하는 음식은 없었으며, 떡과 삼색실과를 준비하였다. 마을 제관과 축관들이 오전 8시경이면 산제사 지내듯이 대동치성을 올렸다. 치성이 끝나면 떡과 음식을 집집이 나눠먹었다. 여자들은 치성에 절대 참석할 수 없었으며, 특히 임신부와 달거리하는 여자의 출입을 금했다.

지킴이

금성당에는 대대로 당을 지켜온 당지기 집안이 있었다. 김상운씨 집안으로서 그 후예인 김상운씨는 망원동에 살고 있지 않다. 성산동에서 살다 부천으로 이사하였다는 말을 들었다고 주민들은 전한다.

망원동 주민으로서 금성당 대동치성에 열심이셨던 분으로 고 박은남씨가 대표적이다. 축문을 주로 많이 읽었으며, 제물 굄질 등 치성의 전반적인 절차와 준비를 주관하였다. 현재 금성당에 대해 증언할 수 있는 주민으로서는 김이백(75)씨가 대표적이다. 젊었을 때 한 번 축관으로 대동치성에 참가한 적이 있는 이분은 7대째 망원동에 살아온 토박이다. 1978년까지 농사를 짓다 땅을 팔고 이사를 하여 다른 사업을 하였으나 이제는 은퇴하여 고향에서 말년을 보내고 있다.

제보자 : 김이백(남, 1927년생) / 서울특별시 합정동 555-1호 ☎324-4235 / 2000년 8월 8일 대담
윤상덕(남, 66세) / 서울특별시 합정동 386-11 ☎336-1119 / 2000년 8월 8일 대담

밤섬(창전동) 부군당

평온하고 고즈넉한 이쁜 섬 하나가 깔끔하게 다듬어진 사진
틀 속에 앉아, 엉덩이를 방바닥에 탁 붙이고 머리들을 맞대며
동양화 실습(?)중인 10여 명의 장년들을 비스듬히 내려다보
고 있었다. 밖은 유난히 눈이 많이 와 온통 하얀 세상인데 방문
밖에 벗어놓은 신발들이 질척거리는 마당과 뒤섞여 조금은 심
난하게 보였다. 문을 빼꼼이 열고 고개를 들이민 불청객에게
얼굴을 알아본 장년 한 사람이 내일 낮 12시쯤 시작하니 그때
오라고 응수해주었다. 올해는 여러 모로 경기들이 안 좋아 굿

밤섬부군당전경.
고향밤섬을지척
에두고도이곳와
우산자락에쫓겨
와있다.

밤섬부군님

조선8도의 자생식물을 군웅님으로 모셨다는 밤섬의 군웅화분.근래에 새로 조성한 것이다.

부정을 물리는 모습. 맑은 물, 잿물, 소지 3장으로 굿하는 장소를 정화시킨다.

은 못하고 '진지치성'만 드리니 늦게 시작할 거라는 친절한 설명도 따랐다. 2001년 구정설날 저녁 9시쯤의 밤섬 부군당의 풍경이었다.

사진틀 속에 앉아 있던 섬은 바로 한강 속에 떠있는 밤섬이다. 지금의 밤섬 모습과는 다르다. 섬이 폭파되기 전의 모습이기 때문이다. 방안에 모여있던 장년들은 밤섬이 고향인 밤섬 사람들과 그 자손들이었다. 설날 낮에 이미 진지치성에 필요한 제물들을 준비하여 꾐질을 끝내고 고양이나 잡인이 출입할 수 없도록 부군당문을 꼭꼭 닫아 자물쇠를 채워놓은 다음, 밤을 새워 부군당을 지키기 위해 모여든 밤섬 사람들이었다. 무료함을 달래기 위해 잡고 있는 화투는 서로의 친목과 일체감을 북돋아주는 놀이 역할을 톡톡히 하고 있었다.

밤섬 사람들은 고향을 지척에 두고도 마음놓고 가볼 수가 없다. 조류서식지가 되었고, 사람이 발붙이고 오래 있을 정도로

땅덩이가 크지도 않기 때문이다. 1988년부터는 서울시가 철새도래지로 지정함으로써 생태보호차원에서 사람출입을 금하고 있어 밤섬 사람들도 고향을 찾으려면 마포구청장에게 방문신청서를 제출하고 허가를 받아야 가능하다. 1994년과 1998년 마포구와 밤섬보존협회의 배려로 100여 명의 밤섬 원주민들이 집단으로 밤섬을 찾아 귀향제를 지낸 적이 있다. 밤섬 출신들의 고향 밤섬에 대한 애착과 향수는 대단하다. 굳이 고향이 지척인 와우산으로 이주를 희망하여 뭉쳐 산 것이나, 부군당을 바로 지어 매년 어김없이 대동치성을 빠뜨리지 않는 것으로도 확인된다. 부군당 부속건물의 방 벽면에는 한 벽면이 다 찰 정도로 고향 사진을 확대하여 걸어놓은 모습에서도 그 심정을 헤아리게 된다. 서울 여기저기에 흩어져 사는 밤섬 출신들은 매년 구정 설 다음 날 부군당에 모여 부군님께 세배를 드리며 고향에 대한 향수를 달랜다.

밤섬의 부군당 대동치성(굿)은 서울의 대표적인 마을굿으로 그 명성이 커 일찍부터 학자들의 관심 대상이었다. 2000년 정월 2일 대동굿 현장의 위용과 열기는 그 실체가 허명이 아님을 실감케 하였다. 1995년 재개발과정에서 구청과의 마찰을 감수하면서까지 새로 이전 조성하여 깔끔한 위용을 자랑하는 당집에 예전 방식대로 차려 올린 화려한 제물, 차일을 치고 대형난로를 가설하여 굿하는데 지장이 없도록 한 치밀한 준비성, 여러 민속학자들의 참석과 취재, 유학이나 답사 왔을 젊은 서양인들의 등장, 4잽이(피리2, 대금1, 해금1)까지 갖춘 당대 최고수준의 한양굿, 청장년들이 뒷일에 열심인 모습들은 분명 명성대로였다.

이보다 더한 모습도 목격되었다. 보는 이들의 입을 딱 벌리게 만드는 그런 광경이었다. 굿이 후반부에 접어들었을 때 몇몇 밤섬 남자 주민들이 굿판에 나타났다. 굿하던 만신들이 유난히 이 몇몇의 남자들을 반겼는데 그 이유는 잠시 후에 드러났다. 술을 몇 잔 마시고 굿판에 스며들자 주머니에서 나오는 돈이 정말 뭉텅이였다. 한 번씩 주머니에서 나올 때마다 만 원짜리 지폐가 한 주먹씩 양손에 높이 들려 만신과의 장난을 유도하였다. 결국 주머니가 다 비

부군사슬세우기.
밤섬부군당대동
치성에서가장중
요한의례다.

도록 계속된 그 놀음놀이에서는 마포나루가 성시를 이루고 밤섬의 조선업이 성세를 이뤘을 시절의 분위기와 질펀함이 묻어나왔다. 창전동으로 쫓겨와 살면서도 대동굿판을 찾을 땐 빚을 내서라도 돈을 주머니에 담고 간다는 말이 헛소문이 아니었던 것이다.

그런 밤섬의 부군당인데 2001년에는 굿을 포기하고 고사식으로 간단히 진지치성만 드리기로 결정하였다는 것이다. 밤섬 주민들 중에 직업을 잃은 사람도 생기는 등 가정 경기가 안 좋아 대동회의에서 그렇게 결정을 내렸다.

밤섬과 부군당

현재 와우산 기슭에 있는 창전동 부군당은 밤섬 부군당이 헐리고 이곳으로 옮겨온 것이다. 이 부군당을 받드는 사람들은 창전동 토박이들이 아니고 밤섬을 고향으로 둔 사람들이다.

밤섬은 여의도 옆에 있던 한강상의 섬으로, 일명 '불도저시장'으로 유명한 김현옥 시장 때 여의도를 개발하면서 폭파당한다. 하구를 넓혀 여의도를 홍수로부터 구해내고, 섬을 없애는 과정에서 나오는 돌은 여의도 제방공사 등에 필요한 석재로 활용하겠다는 계획 때문이었다. 1968 년 2 월 10 일 폭파 당시 밤섬 주민 78 가구 중 63 가구는 서울시가 마포구 창전동 와우산자락에 마련해준 연립주택으로 이주해야 했고, 일부는 경기도 광주군 중부면으로 옮겨가야 했다. 와우산 자락에 자리잡은 사람들도 몇 번의 재개발사업으로 1993년에는 37가구로 줄어들었으며, 현재는 20여 가구가 살고 있을 뿐이다.

　밤섬은 배 만드는 곳으로 유명했다. 한강에 오가는 배는 대부분 밤섬에서 만들었다. 황해도에서도 밤섬에 와 배를 지어갈 정도였다. 1930년대 중반에는 배 만드는 곳이 10여 군데가 넘었다고 전한다. 짐배, 고깃배(시선배, 연돌배 등), 차배

사슬이 서면, 만신은 주민들에게 오방기를 뽑도록 하여 개인공수를 내린다.

본향말명에서 주민과 어우러지는 만신.

(일제시대에 등장한 자동차 운반선) 등 여러 종류였고, 1천3백 석이나 실을 수 있는 짐배도 만들었다. 인(印), 마(馬), 판(判), 석(石), 성(成), 지(地)씨 등 희성들이 150여 가구나 모여 살던 동네였다. 이처럼 여러 희성이 많은 것은 조선조 초기에 조선업을 꿈꾸고 서해와 한강을 따라 각지에서 모여든 사람들이 형성한 마을이기 때문일 것이라 추론하기도 한다. 고려 때에는 죄인을 귀양보내던 유배지로 활용되었던 곳이다. 군웅을 모시고 있는 한양 일원의 마을은 고려시대부터 있던 마을이란 이지산 박수의 주장(2000년 4월 14일 증언)에 비춰볼 때 밤섬은 고려시대부터 사람이 살았을 것으로 보인다. 형상이 밤톨처럼 생겼다고 해 '밤섬'인 이 섬은 대부분 암석이었고 은빛모래밭과 버드나무숲으로 유명했다. 그래서 마포8경으로 꼽기도 했다. 용재총화 등 옛 문헌에 의하면 세종 때부터 성종 순조 때까지는 뽕나무가 많았고 양잠업이 성했다고 한

다.

　배 만들기와 배 수리는 주로 겨울에 이루어졌는데 가을에서 봄까지였다. 한강이 얼면 얼음 채취하기, 여름에 장마가 들면 장어잡이가 한철이었다. 봄에는 매(쑥뿌리) 캐기, 가을에는 채소수확으로 일 년 열두 달 쉴 틈이 없는 섬이었다. 50~60년대 접어들면 땅콩농사가 유명해진다. 당시 땅콩값이 높아 짭짤한 수익이었다. 이처럼 밤섬의 생활은 전통적으로 한강 · 배와 밀접하였다. 밤섬 목수들은 배를 지으러 한강을 따라 외지로 찾아다니기도 하였다. 그래서 배 지으러 나간 자식들 안전을 위해 부군당에 정화수 떠놓고 기원하는 것이 생활의 일부였다고 한다. 각 가정에서는 남 · 녀 대감신을 모시기도 하였다. 지금도 나이든 밤섬 사람들은 부군신의 영험에 대해 믿음을 갖고 있다.

　"도둑이 없고 한강물을 바로 식수로 사용해도 질병이 없는

마지올림.대동굿을 하지 않을 경우에는 진지치성이라 하여 이 마지올리는절차를 중심으로간소화한다.

마지 올림에서 당 안으로 들어가지 못한 참석 주민들이 당 밖에 시립하여 당 안의 진행에 따라 절을 올린다.

잽이들. 밤섬 부군당굿은 3잽이 이상 갖추는 규모를 유지한다.

섬, 이는 다 부군님의 은총이라 믿고 살고 있다"는 신문기사(1968.2.4일자 조선일보)까지 보인다. 이 신문은 전기 대신에 '부군등(府君燈)'이라는 초롱불을 사용하며 살고 있다는 사실도 알려준다. 밤섬 폭파사실을 보도한 당시의 신문(조선, 경향)들은 모두 이 마을사람들의 삶이 부군신을 중심으로 영위되어 왔음을 전하고 있다. 이 섬은 근세에 2번의 큰 재난을 겪었다고 한다. 을축년 대홍수 때 재산을 다 잃었고, 6 · 25때는 폭격으로 집들이 대부분 파괴되었으나 을축년에도 부군당은 건재했고, 전쟁 중에도 부군당과 그 인근의 13가구(110가구 중)는 건재했던 사실, 한강물을 그냥 먹고 살아도 설사 한 번 없었던 것은 부군님을 철석같이 믿게 만드는 증거들이었다. 주민들은 해마다 정월 2 일이면 '흰옷'을 입고 부군당에 모여 굿을 하며, 지난해의 무사함을 감사드리며 축하했다고 한다. 부군대동굿은 분명 다양한 성씨들을 하나로 묶어주는 구심체역할도 수행했을 것이다.

현재 창전동의 부군당은 밤섬 부군당의 구조와 쓰던 물건을 그대로 옮겨왔다. 정면에는 부군님 내외가 왼쪽으로 모셔져 있고, 오른쪽에는 삼불제석이 모셔져 있다. 좌측 벽면에는 군웅님을 모시고 있는데 이 군웅화분이 아주 독특하다. 조선 각지에서 나는 자생식물을 모아 그려놓은 것이 군웅님이다. 우측에는 조상을 모시는 곳으로 밤섬 조상들의 이름을 적은 명판을 걸어놓았다. 밤섬에서는 화분이 있었다고 하나 분실되었다. 밤섬을 떠나오면서 화분과 명판을 잊어버려 현재의 화분들은 새로 모신 것들이다. 한국전쟁 중 화분을 찢은 인민군 부대가 여의도 벌판을 나가다 모두 몰살당한 일도 있었다고 한다.

부군당 치성 준비는 대동회의로부터 시작된다. 매년 섣달 초열흘 모임을 갖고 소임과 도가의 선출, 무당 선정, 경비문제 등을 논의한다. 소임은 일 년 임기로 소임으로 결정되면 새해의 부군당 도당굿의 제주 역할과 일 년간의 관리를 책임진다.

소임으로 선정되는 순간 부군당의 열쇠를 인계받음으로써 소임 역의 인수인계 의식을 상징화한다. 열쇠는 깨끗한 창호지에 싸서 집안의 다락에 모셔두

대감놀이를 논 후에 대감 시루를 머리에 이고 당주 위를 돌며 잡귀 잡신을 물리친다.

군웅거리에서 공수를 내리고 있다.

불사를 논 후, 밤산을 주는 만신

었다. 현재는 문갑에 보관한다. 소임의 집 자체도 부정을 가리기 위해 부정줄 (왼새끼로 꼰 금줄)을 치고 문의 기둥 아래에는 황토흙을 깔아 부정을 막는 다. 당 치성금의 추렴은 소임의 책임이다. 부인과의 잠자리를 피하는 것은 물 론, 초하루부터 대·소변 후에는 반드시 목욕을 해야 한다. 밤섬에 살 때에는 겨울에 물을 긷기 위해 얼음을 뚫어놓은 곳으로 가 멍석을 깐 후 바가지로 퍼 서 몸에 끼얹었다.

도가는 음식 만드는 일을 담당하는데 소임처럼 부정을 가려야 했다. 현재는 당주가 다 하기 때문에 뽑지 않는다. 음식은 그믐날부터 시작하여 초하루날 꿈질을 대부분 끝낸다. 제물을 준비하는 데에도 엄격한 기준이 있다. 장을 볼 때는 가격을 깎지 않으며, 과일은 상처가 없어야 한다. 과일은 반드시 홀수로

방안에서 놀고 있는 마을 어른들을 어르고 있는 무녀(창부거리)

부군당 뒤뜰은 당안으로 들어가기 불편한 젊은 사람들의 놀이터다. 창부거리에서 무녀들의 술을 받아 먹고 있다.

올린다. 홀수에 대한 원칙은 제기의 숫자, 절하는 숫자(3회), 화살(다섯 뼘), 화살촉(세 뼘)에도 적용된다. 제일 중요한 제물은 검은 돼지인데 2마리를 구해야 한다. 지금도 마장동 우시장에 부탁하여 검은 돼지를 구하거나 직접 찾아 나서 구하는데 2000년 부군당굿의 경우 김포에서 겨우 1마리를 구했다고 한다. 밤섬에서는 창자로 순대를 만들어 동네 사람들이 굿판에서 나눠먹었다. 사과는 절대로 상에 올리지 않으며, 굄질(홀수)이나 조리법에 정해진 원칙이 견지되고 있다. 마지(메, 밥) 올리기 위해서는 반쪽짜리 쌀알은 모두 골라낸 온전한 쌀알 세 되가 필요하다. 음식조리시 부정한 짓을 하거나 담배 피우는 일은 절대 금지된다. 음복 음식은 절대 구워먹을 수 없다고 한다. 그대로 먹거나 날것으로 먹어야 한다. 끓여먹을 수는 있다.

치성을 드리는 방식은 굿과 고사형식으로 하는 '진지치성'이 있다. 아주 특별한 일이 없는 경우 매년 굿을 해왔고 부득이한 경우 대동회의의 투표를 통해 진지치성으로 대체한다. 굿은 여러 무당과 악사를 갖추며, 진지치성에는 만신 1명만 불러 악사 없이 간소하게 끝낸다. 현 장소로 옮긴 다음에는 은아엄마 등이 굿을 맡아 했으나 1999년부터는 김춘강이 맡고 있다.

굿의 절차를 보면 주당물림으로 시작하여, 부정, 가망청배, 부군거리, 본향말명, 마지올림, 장군거리, 별상, 신장, 대감, 불사, 군웅, 창부, 뒷전으로 이어진다. 특히 부군사슬을 얼마나 잘 세우느냐가 부군당 치성에서 가장 중요한데 사슬이 잘 서지 않으면 소임이 목욕재계를 다시 해야한다.

밤섬에서는 대동굿을 치른 다음날 아침식사를 한 후 우물굿을 했다. 용왕을 모시는 굿거리도 따로 있었다고 한다. 그러나 창전동에서는 우물굿이 사라졌으며, 용왕시루만 차리고 있다. 초사흗날 일종의 결산인 '대우'가 치러진다. 결산을 하는 동안에 반기를 준비했으나 지금은 하지 않는다.

지킴이

밤섬 사람들의 부군당과 대동굿에 대한 전승열기와 노력은 아직도 대단하

가가호호별로 소지를 올리고 있다. 명단을 불러주는 사람이 마용문 당주

다. 한두 사람의 지킴이만 신경을 쓰는 것이 아니라 대부분 적극적이다. 밤섬 향우회가 결성되어 있어 전승의 중심 역할을 맡고 있다. 밤섬향우회는 창전동 에 사는 사람뿐만 아니라 인근 신수동, 신정동, 합정동, 영등포동과 멀리 광명 시나 고양시에 살고 있는 40여 명의 밤섬 출신 회원으로 구성되어 있다. 그 중 에서도 마용문, 마천일, 김성영, 김길선, 이일용, 지효경, 유덕우, 김공선, 박종 우, 판경석, 이화영, 이정식, 이현모, 최창선, 판경석, 인명용 등이 아주 적극적 이다.

특히, 마용문(65)씨는 33세부터 당주를 맡아온 사람이다. 강신을 받은 박 수이기도 한 마씨는 10대에는 배를 짓는 목수 일을 했고, 군대 갔다와서는 영 등포 스테인레스 공장에서 일을 배운 뒤 공장을 직접 차려 1993년까지 경영 하기도 하였다. 33세에 내림을 받고 집에 신당을 모시고 있는 마씨는 부군당 에 남다른 정성을 드려왔으며, 어깨 너머로 음식 만드는 방식과 굄질을 배워 밤섬 부군당 치성에서는 없어서 안 될 사람이기도 하다.

제보자 : 마용문(남, 1937년생) / 2000년 10월 27일 대담
조사 및 참관 : 1999년 2월 6일(음력 1.2) 부군당굿 / 2000년 1월 25일(음력 1.2) 진지치성

목적	마을의 안녕과 풍요					
당	이름	부군당	형태	대지: 40평 건평: 6평정도 부속건물 1동	주소	서울특별시 마포구 창전동 28번지 ☎ 3143-1518
	제신	부군할머니, 할아버지 내외분, 삼불제석, 군웅, 조상				
치성형태	굿과 진지치성 (고사)				날짜	음력 1월2일(연1회)
전승주체	단체	밤섬향우회 (회원 40명)				
	대표	김성영 (77세)			주소	서울시 마포구 창전동 삼성아파트
당주	이름	마용문	성별 나이	남, 1937년, 박수	주소	서울시 마포구 창전동 타워빌라 A동 102호 ☎ 314-0591
단골만신		김춘광		여, 61	주소	서울특별시 종루구 돈의동 97

저자 소개

박흥주

전남 고흥에서 태어남. 대학에서 탈춤을 만난 뒤 지금까지 굿(무굿, 탈굿, 풍물굿, 소리굿)을 직접 배우고 기록하면서 쭉 굿(한국문화)을 공부해왔다. 특히, 마을굿의 가치에 대해 나름대로 큰 의미를 부여하면서 전국의 마을굿 기록작업에 주력하고 있다. 미처 발견하지 못했던 굿의 가치를 밝혀 그 철학과 미학을 정리하는 일에 염을 두고 있으며, 이를 바탕으로 한 살아있는 굿문화 만들기 작업에도 노력 중이다.
현재 굿연구소 소장으로 굿전문지인 '굿'을 발행하고 있으며, 전주산조페스티벌 예술감독을 맡고 있기도 하다. 자칭 굿전도사.

정수미

경북 경주에서 출생. 86년부터 사진을 시작하여 90년에 들어 우리문화에 관심을 갖고 기록 작업에 매진하고 있다. 처음 전통에 관계되는 무대공연물로 시작한 작품활동이 어느 순간부터 생활현장의 우리문화를 기록하는 쪽으로 포커스가 바뀐 상태다.
1997년에 국립민속박물관에서 '중요무형문화재 사진전(예능부문)'을 개최한 바 있고, 2001년에 '한국의 굿놀이'(서문당刊)를 펴낸 바 있다.

서울의 마을 굿 값 15,000원

초판인쇄 2001년 10월 25일
초판발행 2001년 10월 30일

지은이 박흥주
사　진 정수미
펴낸이 최석로
펴낸곳 서문당

121-843 / 서울시 마포구 성산동 54-18호
등록 / 제 10-2093호
등록일 / 2001년 01월 10일 창업일 / 1968년 12월 24일
전　화 / (02) 322-4916~8　팩　스 / (02) 322-9154

ISBN 89-7243-181-8　　　　* 잘못된 책은 바꾸어 드립니다.